筑波大学 特別支援教育 教材・指導法データベース選集 **2**

授業を豊かにする

筑波大附属特別支援学校の

教材知恵袋

自立活動編

筑波大学特別支援教育連携推進グループ　編著

Data Base

発刊に寄せて

筑波大学教授・副学長
附属学校教育局教育長　茂呂　雄二

　昨年度の教科編に引き続き、『授業を豊かにする筑波大附属特別支援学校の教材知恵袋』の第2巻「自立活動編」を皆様のお手元にお届けできることを大変うれしく思っています。

　本書を監修している筑波大学特別支援教育連携推進グループは、筑波大学特別支援教育研究センター（2004年開設）の後継組織で、我が国最大の障害科学に関する研究組織である本学人間系障害科学域と、視覚障害・聴覚障害・知的障害・肢体不自由・知的障害を伴う自閉症の教育を行う附属特別支援学校群のそれぞれの専門性を融合し、特別支援教育に関する実践や研究の成果を広く社会に発信するために設置されました。

　本グループは前身のセンターの期間を含めて、約10年の間、附属特別支援学校群の障害種ごとの指導実践例を集積し、全国の特別支援学校や支援学級等の教育活動全般において活用できる「教材・指導法データベース」の充実に取り組んでまいりました。また、このデータベースをもとに独自の研修プログラムを開発し、全国の教員を対象とした現職教員研修事業なども行っています。

　本グループがWEB上に公開しているデータベースの特徴は、教材・指導法を適用させる子どもの実態を紹介していること、指導場面ごとのねらいや期待される効果、障害種ごとの子どもの特性に対する配慮事項などを明確に解説している点にあります。また、教材・教具の実際の使い方や具体的な指導場面などを映像で紹介したり、障害種別・単元名・活用場面などの多様な語句から簡単に必要な情報を探せたりするなど、検索方法にも工夫がなされています。近年では、収録されているコンテンツの約半数を英語に翻訳したことから、海外からのアクセス数も増加しています。このデータベースのコンテンツの自立活動に関する部分を本書に再構成して掲載しています。

　なお、こうした本グループの取り組みが評価され、光栄なことに本年度の文部科学大臣優秀教職員表彰を受賞することができました。これも一重に本学附属特別支援学校群の教職員の皆様や障害科学域の先生方の並々ならぬご協力の賜であり、心から感謝申し上げます。

　本グループは、引き続きデータベースの拡充を図りながら、日本国内だけでなく海外における特別支援教育の発展にも寄与できるよう努力してまいりますので、これからもどうぞよろしくお願い申し上げます。

2021（令和3）年3月吉日

はじめに

筑波大学人間系准教授　左藤　敦子
筑波大学名誉教授　　　四日市　章

　インクルーシブ教育の展開とともに、さまざまな教育の場で学ぶ多様なニーズのある子どもたちの存在が注目され、その指導の根幹となる有効な教材や指導法へのニーズが高まってきています。筑波大学特別支援教育連携推進グループでは、本グループと、特別支援教育の教育・指導について豊かな経験をもつ筑波大学の附属特別支援学校5校が、連携・協力して作成した教材・指導法のデータベースを国内外に公開しています。本書は、このデータベースの紹介やコメント等をとおして、各附属特別支援学校の永年の教育実践を土台にした指導法の一端を多くの方々に活用していただき、子どもにとってより学びやすい学習が広く実現していくことを願って作成されたものです。

　本書の基になっている「筑波大学 特別支援教育 教材・指導法データベース」は、2012年度に、当時の筑波大学特別支援教育研究センターと附属特別支援学校5校との協働によって企画・作成され、現在の運用につながっています。各校の子どもたちの指導で有効性が確認されている多様な教材について、障害種や発達段階を越えた利用の有効性や可能性などをも検討しながら、一つ一つの教材がデータベースの中に蓄積されてきました。また、データベース作成に際しては、指導での子どもの捉え方や教材の使い方によって、教材の効果も異なってくること、あるいは、指導経験が浅い場合にも、指導の実際ができるだけ分かりやすくなるよう、教材の紹介のみに終わるのではなく、教材を軸にした、効果的な指導の方法、すなわち、指導のねらい、学習・指導ニーズへの配慮、指導効果への視点を含んだ内容が重要であることも確認されました。さらに、グローバルな時代の中で、外国の障害児などにも活用してもらえるよう、英語版の作成も進められてきています。

　2020年3月発刊の『筑波大学 特別支援教育 教材・指導法データベース選集1　授業を豊かにする筑波大附属特別支援学校の教材知恵袋＜教科編＞』に続き、本書はシリーズ第2巻として、「自立活動」に関する有効な教材を紹介しました。教師や学習者の方々が、それぞれのニーズに対応して本書の教材を活用していただければと思っております。どの教材も、完成し固定化されたものとして捉えるのではなく、これを基に、それぞれの指導現場で、個々の子どものより深い理解を目指してさらに創意工夫が重ねられ、よりよい教材・指導法として発展していくことを期待しています。

　本書を契機として、特別支援教育連携推進グループのデータベースを実際にご活用いただき、さらに、各附属特別支援学校での指導実践を実際にご覧いただいて、これらの教材がさらに改善され、実践的な指導のための共通財産として発展していくことを願っております。

2021（令和3）年3月吉日

目 次

姿勢と運動・動作

感じる・分かる

文 字

コミュニケーション

遊　び

日常生活

社会生活

巻末資料

おわりに

執筆者・協力者一覧

本書の使い方

【教　材】

　本書は、自立活動の授業で活用しやすい教材で構成されています。これらは、筑波大学附属特別支援学校５校及び寄宿舎において活用されてきた教材であり、視覚障害、聴覚障害、知的障害、肢体不自由、知的障害を伴う自閉症等の各障害種の授業で幼児児童生徒への学びを豊かにするものですが、他の障害種、あるいは、障害はなくとも学習に難しさがある子どもの学びにも有効と考えられます。また、各障害種の中で長く受け継がれ使用されてきた教材も紹介しています。さらに、各障害種に関する専門的な用語について、巻末に「本文で使われた言葉の説明」を掲載する等、なるべく分かりやすく記すことで、通常の学級や特別支援学級の先生方をはじめ、さまざまな学校種の先生方や、学習に難しさがある子どもの保護者も読みやすいように工夫しています。

　各教材は、ねらいや指導目標、指導場面等に基づき、７つのカテゴリーに分けて紹介しています。

　見開き２ページには、①教材が自立活動の授業の中で、どのような目的や内容で用いられるのか、②教材の特徴、③用意する物・材料、準備、④使用方法や応用的な使い方、教材に関するエピソード等を示しています。

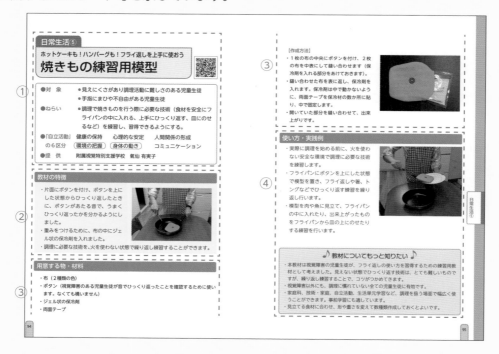

なお、今回紹介している教材は、筑波大学　特別支援教育　教材・指導法データベース（https://www.gakko.otsuka.tsukuba.ac.jp/snerc/kdb/index.html）において公開しています。右のQRコードからスマートフォン等でもご覧になることができます。

筑波DB

【「養護・訓練から自立活動へ〜」・「自立活動Q＆A」・Column・Coffee Break】

「養護・訓練から自立活動へ〜」では、長年自立活動の指導に携わってこられた雷坂浩之教授（筑波大学）が、養護・訓練から自立活動に至る過程を解説しています。

「自立活動Q＆A」では、自立活動の位置づけや目標・内容等について、分かりやすく説明しています。

Columnでは、筑波大学附属特別支援学校5校（附属視覚、附属聴覚、附属大塚、附属桐が丘、附属久里浜）の自立活動の授業について、写真を用いながら紹介しています。

Coffee Breakでは、筑波大学附属特別支援学校5校の教員が定期的に集まって行っている情報交換会での取組のうち、「避難訓練」と「校外学習」の工夫について、紹介しています。

いずれも、先生方が授業計画を立てたり、書籍の教材を活用したりする際の参考になれば幸いです。

（筑波大学特別支援教育連携推進グループ）

筑波大学 特別支援教育
教材・指導法データベースについて

1　各障害種別の教育における知見を集約

　筑波大学には、研究組織として人間系障害科学域と、附属学校として視覚障害・聴覚障害・知的障害・肢体不自由・知的障害を伴う自閉症に関する特別支援学校が5校あります。「筑波大学　特別支援教育　教材・指導法データベース」は、これらの組織が協働して特別支援教育の発展に資するさまざまな社会的要請に応えうる研究拠点となり、教員の専門性向上に対して役割を果たすことを目的に、附属特別支援学校5校で活用されている教材・指導法を広く発信してきました。2020年11月現在では430を超える教材を取り扱っており、本書では、その一部を紹介しています。

2　どのようなデータベースなのか

（1）教材に関する詳細な情報を紹介しています

　どのような子どもに・どのような指導で使用しているのか、指導の意図や期待される効果等を紹介しています。中には、実際の指導場面の様子を画像や動画で紹介しているものもあります。

（2）かんたんに検索できるよう工夫しています

　「障害種別」での検索、国語、音楽等の「各教科別」の検索、特別活動等の「教科以外の場面別」検索はもちろんのこと、フリーワードでの検索も可能です。そのため、どのような指導がしたいのか・子どもがこのような難しさを示している等、複数の視点から教材を探すことができます。

　また、英語版も順次公開を開始しており、74を超える国・地域からアクセスをいただいています（2020年11月時点）。

（3）スマートフォンでもご覧になることができます

　「こんな教材はないだろうか？」と思いついたとき、すぐに検索できるようスマートフォン版も公開しています。本書では教材の紹介とともに、スマートフォンですぐに検索できるように各教材のQRコードをつけています。

3　ちょっと工夫する・いくつかの見方で考えてみる視点の必要性

　データベースに紹介している教材の多くは、身近にあるものをちょっと工夫してみました、というものです。明日の授業で使ってみたいと思っても、取り寄せに時間がかかる、あるいは、高額な費用がかかるというものばかりでは、毎日の指導が成り立ちません。「ちょっとした工夫」という視点を紹介したいというのもこのデータベース公開の目的です。

　また、データベースで紹介した教材は、提供校以外でも活用しています。例えば、視覚障害のある子どもに使用した教材が、視覚に障害はないけれど、ものの見え方に課題のある子どもに使用してみたところ、大変有効であったという発見もありました。「〇〇障害」という視点だけではなく「〇〇しにくい」という子どもの学習の難しさに基づいて、教材を検索し、見つけた教材と指導法を参考に工夫をしながら、子ども一人一人に合った教材を活用するという視点が大切ではないかと考えます。

（筑波大学特別支援教育連携推進グループ）

養護・訓練から自立活動への変遷に思うこと、現場に期待すること

筑波大学教授
附属学校教育局教育長補佐　雷坂　浩之

　私は、1987年（昭和62年）に筑波大学附属盲学校（現附属視覚特別支援学校）の教員になりました。前職が視覚障害者の自立更生施設において、中途失明者の方々に対する歩行指導等をはじめとした社会適応訓練の在り方を研究し実践する職種であったことから、この学校の養護・訓練の専任教員として採用されました。

　皆様の中には、この養護・訓練という名称を聞いたことのある方はどのくらいいらっしゃるでしょうか。多分、現職の先生方はほとんど知らないのではないでしょうか。この養護・訓練は、略して「ようくん」とか、中点を含めて「ようご・ぽつ・くんれん」などとも呼ばれ、私のような養護・訓練の専任教員は、教科担当教員とは異なる分野の指導を受け持っておりました。ただし、当時の全国の盲・聾・養護学校の大半は専任の教員を置かずに、様々な教科の教員が兼務したり、委員会組織を立ち上げて分掌の一つとして受け持ったりしていたと記憶しています。

　この養護・訓練は、1971年（昭和46年）の学習指導要領の改訂により創立されました。この背景には、当時の学校教育法第71条の特殊教育諸学校の目的の部分で「・・併せてその欠陥を補うために、必要な知識技能を授けること」としたことと、1970年（昭和45年）に出された「心身に障害を有する児童生徒の教育において、その障害からくる種々の困難を克服して、児童生徒の可能性を最大限に伸ばし、社会によりよく適応していくための資質を養うためには、特別の訓練等の指導がきわめて重要である」とする教育課程審議会の答申があり、その後、盲・聾・養護学校の学習指導要領に障害種共通の指導領域として養護・訓練が位置付けられました。そして、1999年（平成11年）の学習指導要領の改訂により、養護・訓練から自立活動という名称に変更されました。いわば、現在の自立活動は養護・訓練を前身としたもので、障害を持つ児童生徒の障害に伴う困難を克服し社会に適応させることを目的とした教育活動は、それぞれの障害種ごとの学校現場において、約50年の長きに渡り脈々と続けられてきたものです。

　ただし、こうして学習指導要領で規定され、養護・訓練から自立活動へと変遷を遂げた指導は、実はかなり以前から行われておりました。教育史を紐解くと、例えば盲学校における歩行訓練などは、1955年（昭和30年）頃までは視覚障害者本人が自己流の方法で白杖を使っていたり、視覚障害当事者の教員が生徒に自分の歩行技術を伝授する形で行われておりました。本格的に歩行訓練が指導されるようになったのは、1965年（昭和40年）アメリカにおいて失明傷痍軍人向けに開発された指導カリキュラムが我が

国に導入された頃だと言われています。また、その当時の盲・聾・養護学校においては、盲学校における点字指導・感覚訓練、聾学校における聴能訓練・言語指導、肢体不自由を対象とした養護学校での機能訓練・職能訓練などは、国語科や理科・体育の時間等でそれぞれの教科の担当者などが行うようになりつつありました。すなわち、それぞれの障害種ごとの教育現場においては、様々な障害を持った児童生徒に必要な指導が徐々に行われるようになっていました。

　養護・訓練や自立活動が創設された最も大きな意義は、それまでの指導が教科の片手間で行われていたりして、専門的な知識や技能を持った教員による系統だった指導とは言いがたかったものが見直され、障害児学校における教育活動全体を通じた指導として位置付けられ、特設の時間などの形で指導の場と指導時間が確保されたことだと思います。

　しかし、問題点もないわけではありません。養護・訓練から自立活動へと移行した経緯の中で、指導の目標が各障害種共通であったり、内容が抽象的すぎて具体的な指導項目や指導方法までは示されていないことが、実際に指導に当たる教員を悩ませる結果となりました。特に、指導内容の区分と項目に関しては、養護・訓練の時代が4区分12項目から5区分18項目、自立活動に移行した現在は6区分27項目（詳細は次ページ「自立活動Q&A」参照）へと逐次検討整理されてきましたが、障害種ごとの児童生徒の特性の多様化などにより、それぞれに規定された区分や項目に合わせて指導内容を考えることはかなり難しいことです。また、教員にとっては、自立活動の目標に定められた児童生徒一人一人の「自立」の意味、学習上および生活上の「困難（点）」とはどのようなものか、必要な「知識・技能・態度・習慣」とは何かなどを正確に捉え、指導計画を立案し実際に指導に当たらなければなりません。

　こうした教員にとっての負担感が禍し、実際の教育現場では自立活動の時間に教員が得意とする指導内容だけを教えているとか、何を指導して良いのか分からずに無駄な時間を過ごしている子どもたちが沢山存在しているのも事実です。

　今後、自立活動の指導が適切に行われるためには、個々の児童生徒の実態の正確な把握の仕方、指導計画の立案の仕方、具体的な指導方法や教材・教具に関する開発方法などに関し、教員を対象とした研修なども合わせて充実させなければならないと考えます。また、急速に増加している重度重複障害の子どもたちの指導を充実するために、障害種ごとの専門性の融合を目指して人事交流等を活発に行う必要性も感じています。特に、特別支援学校自立活動教諭免許に関しては、資格認定試験に合格するだけで取得できる制度を見直し、各障害種の特別支援学校での実習などを義務づけ、確実な指導力を習得できるようなシステムに改めるべきだと思います。

　少なくとも自立活動を担当する教員は、規定された指導内容に縛られることなく、良くも悪くも指導後の子どもの変容を想像でき、一人一人の子どもに対し、何が必要な指導なのか、どのような方法で指導するのか、何のために指導するのか等々を常に考えられる資質を持つべきだと考えます。

自立活動 Q&A

Q1

　私は、今年から特別支援学校に勤めている教員です。「自立活動」について、分からないことが多いので、いろいろ教えてください。

　まず、特別支援学校の教育課程には、小・中学校等の教育課程にはない「自立活動」が設けられていますが、なぜですか。

A1

　小・中学校等の教育は、児童生徒の生活年齢に即して系統的・段階的に進められています。そして、その教育の内容は、児童生徒の発達の段階等に即して選定されたものが配列されており、それらを順に教育することによって、人間として調和のとれた育成が期待されています。

　しかし、障害のある児童生徒の場合には、その障害によって、日常生活や学習場面において様々なつまずきや困難が生じることから、小・中学校等の児童生徒と同じように、心身の発達段階等を考慮して教育するだけでは十分とは言えません。

　このため、障害のある児童生徒には、個々の障害による学習上又は生活上の困難を改善・克服するための指導が必要になります。こうしたことから、特別支援学校においては、小・中学校等と同様の各教科等に加えて、特に自立活動の領域を設定し指導するようになっています。

　なお、学習指導要領には、小・中学校の特別支援学級において自立活動を取り入れることや、高等学校を含む通級による指導においても自立活動を参考にすることが規定されています。

Q2

　よく分かりました。今度、私は「自立活動」の授業を担当することになりました。「自立活動」の目標について教えてください。

A2

　自立活動の目標（幼稚部は「ねらい」）は、特別支援学校小学部・中学部学習指導要領（以下「学習指導要領」）に、「個々の児童又は生徒が自立を目指し、障害による学習上又は生活上の困難を主体的に改善・克服するために必要な知識、技能、態度及び習慣を養い、もって心身の調和的発達の基盤を培う。」と定められています。

　ここでいう「自立」とは、児童生徒がそれぞれの障害の状態や発達の段階等に応じて、主体的に自己の力を可能な限り発揮し、よりよく生きていこうとすることを意味しています。

　「自立活動」は、個々の児童生徒の自立を目指した、児童生徒が主体となる学習と言えます。

Q3

　「自立活動」の目標は、国語や算数、数学のような教科の目標とは、また違うのですね。
　それでは、具体的に「自立活動」の内容について教えてください。

A3

　自立活動の内容は、人間としての基本的な行動を遂行するために必要な要素と、障害による学習上又は生活上の困難を改善・克服するために必要な要素で構成されており、それらの代表的な要素である27項目が、六つの区分（健康の保持、心理的な安定、人間関係の形成、環境の把握、身体の動き、コミュニケーション）に分類・整理されて示されています（詳しくは、下の表をご参照ください）。
　本書の教材のページにも、教材ごとに、六つの区分のうち主として該当するものが記載されています。
　個々の児童生徒に設定する具体的な指導内容は、六つの区分の下に示された27項目の中から必要とする項目を選定した上で、それらを相互に関連付けて設定することが重要です。

6区分27項目

1　健康の保持	2　心理的な安定	3　人間関係の形成
（1）生活のリズムや生活習慣の形成に関すること （2）病気の状態の理解と生活管理に関すること （3）身体各部の状態の理解と養護に関すること （4）障害の特性の理解と生活環境の調整に関すること （5）健康状態の維持・改善に関すること	（1）情緒の安定に関すること （2）状況の理解と変化への対応に関すること （3）障害による学習上又は生活上の困難を改善・克服する意欲に関すること	（1）他者とのかかわりの基礎に関すること （2）他者の意図や感情の理解に関すること （3）自己の理解と行動の調整に関すること （4）集団への参加の基礎に関すること

4　環境の把握	5　身体の動き	6　コミュニケーション
（1）保有する感覚の活用に関すること （2）感覚や認知の特性についての理解と対応に関すること （3）感覚の補助及び代行手段の活用に関すること （4）感覚を総合的に活用した周囲の状況についての把握と状況に応じた行動に関すること （5）認知や行動の手掛かりとなる概念の形成に関すること	（1）姿勢と運動・動作の基本的技能に関すること （2）姿勢保持と運動・動作の補助的手段の活用に関すること （3）日常生活に必要な基本動作に関すること （4）身体の移動能力に関すること （5）作業に必要な動作と円滑な遂行に関すること	（1）コミュニケーションの基礎的能力に関すること （2）言語の受容と表出に関すること （3）言語の形成と活用に関すること （4）コミュニケーション手段の選択と活用に関すること （5）状況に応じたコミュニケーションに関すること

Q4-1

Ａ３について、もう少し具体的に教えてください。

A4-1

　例えば、車いすを利用している特別支援学校（肢体不自由）の中学部の生徒が、「高校生になったら、一人で電車を利用して通学したい」と考えています。対象の生徒について、生徒の実態や課題等を整理した上で、「学校から近辺の目的地まで、安全に気をつけながら一人で移動することができる」ことを当面の指導目標に設定したとします。

　先生だったら、この生徒にどのような指導内容を考えますか？

　指導目標の達成のためには、屋外での車いす操作の向上等、「５身体の動き」（4）「身体の移動能力に関すること」だけで十分でしょうか。おそらく、道路の状況を把握したり、道が分からなくなったときに人に尋ねたりすることも必要でしょう。そこで、「５身体の動き」に関する内容と、「４環境の把握」や「６コミュニケーション」の区分に示された内容を合わせ、「目的地まで道路の状況を把握しながら車いすで移動する」、「車いすの移動の途中で困ったときに、近くの人に依頼をする」等を具体的な指導内容とすることが考えられます。

　自立活動の指導は、個々の児童生徒の実態に即して、学習指導要領の内容に示されている中から、必要な項目を選定し、それらを相互に関連付けて具体的な指導内容を設定することが大切です。

Q4-2

　自立活動では、何を指導の課題にするか、指導の目標や内容をどのように設定するか、きちんと考えて、一人一人に応じて指導の計画を立てることが必要なのですね。

A4-2

　そうですね。

　もう一つ例を挙げます。先生は視覚障害の生徒に歩行指導をすることになりました。目的地のお店に行くには、音響信号のない交差点を横断します。どのような指導の内容が考えられますか。

　まずは「４環境の把握」ですね。ルートを示し、交差点の構造、横断の際の音響信号やエスコートゾーンの有無、横断後のお店を発見する手がかりなどの理解が必要です。

　また、写真のように音響信号のない交差点横断では、自分と垂直に走っている車が止まる音（信号が赤［写真：赤矢印］）を確認し、次に平行する車（同じ進行方向に向かう車［写真：黄矢印］）がアイドリングから走り出す音（信号が青の状態）に変わることを聞き分ける判断力が必要です。現場で指導する前に、教室でP.106にあるような教材等を使い、生徒に環境のイメージをもってもらうことも効果的です。

　そして、車音の区別と同時に、自身の進行方向を維持して、適切な白杖操作をしながら安全かつ確実に横断できるための「５身体の動き」の力が備わっていることも大切です。

　ところで、「環境の把握」と「身体の動き」、それ以外にもどのような指導内容が考えられますか。

写真　視覚以外の手がかりを活用した横断

雨の日の歩行も想定しておくとよいでしょう。音が取りにくく、上記のような手がかりがつかみにくいことがあり、生徒自身で判断できないこともあります。その場合には、周囲の人に信号が青かどうかを尋ねたり、手引きで一緒に横断したりすることも考えられます。「6 コミュニケーション」の力も必要ですね。

Q5

　特別支援学校では、自立活動で、具体的にどのようなことを指導しているのですか。

A5

　個々の児童生徒の実態や課題に応じて、様々な指導を行っています。詳しくは、本書の Column に、筑波大学附属特別支援学校5校の自立活動の授業について紹介していますので、ぜひご参照ください。附属特別支援学校における自立活動の指導は、それぞれの障害種別に応じ授業を工夫しています。幼稚園、小・中学校や高等学校の教員の皆さんにも、参考にしていただけると思います。

Q6

　最後に、自立活動の指導の参考になる教材には、どのようなものがありますか。

A6

　本書には、様々な障害の状態や発達の段階等の児童生徒に活用できる優れた教材が、数多く紹介されています。
　例えば、見えにくさ・聞こえにくさのある児童生徒のために作成された教材が、動きにくさのある児童生徒にも使用できる等、それぞれの障害種を超えて活用することができます。また、本に載っている教材の作り方や実践例をヒントにして、先生方が目の前にいる児童生徒のために、少し改良や工夫を加えて、オリジナルの教材を作る手がかりにもなります。児童生徒の様子に合わせて、例えば素材の種類を変えたり、大きさや重さ、厚さ等を工夫したりしながら、ぜひ活用してみてください。
　また、各附属特別支援学校の障害種の中で、長い間、大切に使われてきた教材も紹介されています。各実践例についても、指導の参考になります。
　特別支援学校の先生方だけでなく、幼稚園、小学校、中学校、高等学校の先生方、将来教職を目指す学生さん、そして保護者の方にも役立つ情報がたくさん掲載されています。ぜひ手に取ってご覧ください。

（筑波大学特別支援教育連携推進グループ）［監修：雷坂　浩之　挿絵：田丸　和］

＜引用・参考文献＞
文部科学省（2018）特別支援学校幼稚部教育要領．特別支援学校小学部・中学部学習指導要領．海文堂出版
文部科学省（2018）特別支援学校教育要領・学習指導要領解説自立活動編（幼稚部・小学部・中学部）．開隆堂出版
全国特別支援学校知的障害教育校長会（2018）知的障害特別支援学校の自立活動の指導．ジアース教育新社

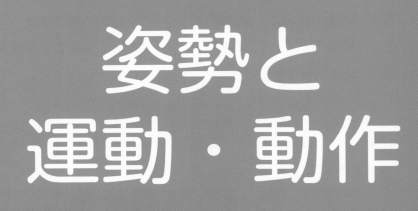

姿勢と
運動・動作

姿勢と運動・動作①

姿勢が安定して長く学習が続けられる
座位保持椅子

●対　象	● 座位が安定せず学習姿勢が崩れやすい児童生徒 ● 長時間学習すると疲れる児童生徒
●ねらい	● 書字動作など、作業や学習がしやすい座位姿勢を保つように配慮する。
●「自立活動」 　の6区分	健康の保持　　心理的な安定　　人間関係の形成 環境の把握　　身体の動き　　コミュニケーション
●提　供	附属桐が丘特別支援学校　杉林 寛仁

教材の特徴

・身体の動かしにくさがある児童生徒には、机上学習や作業のしやすさを考慮した座位保持椅子を学習時に使用することが、有効です。

・体幹保持や上肢操作に課題がある児童生徒の姿勢保持を助け、学習がしやすくなります。

・また、身体の変形の予防や疲れの軽減にもつながります。

用意する物・材料

・商品名「座位保持装置」（有限会社あさ工房）

・商品名「バンビーナ」（株式会社タカノ）

・商品名「ザフシステム・スクール」（株式会社アシスト）

使い方・実践例

- 主に各教科や給食の場面に教室で車いすから乗り換えて使用します。
- 乗り移りの際は、本人と介助者がやりやすい位置に、車いすと座位保持椅子を配置します。
- 座る際のポイントとして、座面に（奥まで）しっかり座れているか確認します。ベルトがある場合は、設定された位置でしっかりとめます。
- 日常的に使用したときの安定感や作業のしやすさなどを、本人とも確認して調整していくことで、自分の生活に必要な環境についての理解を促していきます。
- 活動していると体勢が崩れてくることもあるので、活動の切り替え時などに座り直しなどをします。
- 体の成長に合わせてセッティングを変えていく必要があります。学期の始まりなどに座面の位置や高さなどをチェックします。

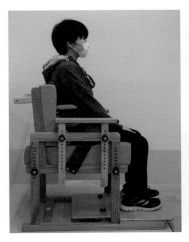 

♪ 教材についてもっと知りたい ♪

- 座面や背もたれの形状、ベルトの有無や位置などを個別に設定するものから、基本の椅子にパーツを組み合わせるセミオーダー、児童椅子にすぐに取り付けられる簡易なものもあります。
- ずれ防止の股部の部品を付ける場合は、移動の際に邪魔になる可能性があるため、取り外し式がお勧めです。
- 椅子の下部にキャスターを付けると、介助者が椅子の背部の取っ手を押して、児童生徒が座ったままで移動が可能となります。
- 補装具の作製、修理については、福祉制度により補助を受けられる場合があります。そのためには、福祉事務所、障害福祉センターなどによる障害区分の判定、医療機関の診察などの手続きが必要となります。

他者と動きを合わせて一緒に楽しむ
くねくねマラカスフォーマット

●対　象	●リズム活動や音楽活動への興味・関心が高い、幼児児童生徒
	●自分から他者に注意関心を向けたり、動きを合わせたりすることに課題のある幼児児童生徒
●ねらい	●さまざまなリズムの音楽に合わせてマラカスを動かす。
	●相手の動きを見て、自分の動きを合わせる。
●「自立活動」の６区分	健康の保持　　心理的な安定　　(人間関係の形成) 環境の把握　　(身体の動き)　　コミュニケーション
●提　供	附属大塚特別支援学校　若井 広太郎・根岸 由香

教材の特徴

・ペットボトルなどをつないで１本にしたマラカスの両側に、持ち手がついており、２人で向かい合って持つところがポイントです。向かい合って持つことで、相手の動きを見て確認しやすくなります。

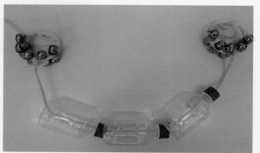

・１本のマラカスを２人で持つことで、相手の動きを身体でも感じることができます。

用意する物・材料

・ペットボトル（500mL または 350mL を３〜４本用意し、蓋と底に穴をあけて、紐を通します。ペットボトルの中には、鈴やビーズなど、硬いものを入れます）

・持ち手（リングベルなどを取り付けるとよい音がします）

・紐（アクリル紐など、丈夫なものを使います）

準備

・くねくねマラカスを2本1組にして、並べておきます。

使い方・実践例

・音楽が始まったら、くねくねマラカスの両端に、向かい合って立ち、持ち手を持ちます。

・音楽に合わせて、上下、左右、前後に動かして、マラカスを鳴らします。

・曲は「♪マラカスならそう」（上下の動き）、「♪ゆらゆらゆらそう」（左右の動き）、「♪みぎひだりブギ」（前後の動き）の順番で用います。上下の動きは発散、左右の動きは沈静、前後の動きは調整の効果があるとされています（出典『根岸由香のつながる音楽』あおぞら音楽社．p50-53.）。

・全ての曲が終わったら、決めポーズをして一緒にできたことをお互いに確認します。

・上記をフォーマット（繰り返しの活動の流れ）として設定し、子どもが自ら参加できるように、必要に応じて教員が援助をします。

・援助をする教員は、子どもの横や後ろにつき、子どもの活動参加の様子に合わせて、援助の方法を段階的に変えていきます（段階的援助）。

・段階的援助は、主に身体援助（一緒にマラカスを持つなど、直接身体に触れて援助をする）、モデル提示（横で動かし方のモデルを示す）、言葉掛け（「うえ、した」など、言語で動かし方を示す）などを行います。

・大人とペアを組んで行い、大人が子どもの視線や動きに合わせることで、他者に視線を向けたり、リズムに合わせたりする力を支援することができます（「大人に支えられた状況下での視線や動きの共有」）。

♪ 教材についてもっと知りたい ♪

・ペットボトルの中には、ビーズや鈴の他に、子どもが栽培、収穫した「数珠玉」という草の実などを入れたこともありました。またペットボトルにカラーペンやマスキングテープ、シールなどで装飾をすることで、より手作り感を楽しめます。

・ペットボトルの中に入れるものの素材や量を調整することで、マラカスの音質や音量の調節をすることができます。

・ペットボトルの他に、ボディスポンジなどを活用することで、より軽く、伸縮性のあるマラカスを作ることができます。

座る姿勢や立つ姿勢を安定させることができる

箱椅子

●対　象　　●座位や立位を保持することが難しい児童生徒
　　　　　　●立つことや歩くことが不安定な児童生徒

●ねらい　　●身体のバランスを整えて、座ったり立ったりする姿勢や
　　　　　　　動作の安定を図る。
　　　　　　●座る姿勢を安定させることにより、上肢の動きなどの改
　　　　　　　善を図る。

●「自立活動」　健康の保持　　心理的な安定　　人間関係の形成
　の6区分　　環境の把握　　身体の動き　　コミュニケーション

●提　供　　附属桐が丘特別支援学校小学部

教材の特徴

・凸凹のない台で学習することにより、自分の姿勢や動きの状態に気づきやすくなります。
・高さを変えられるため、本人に合った高さで効果的に学習することができます。
・立つ姿勢や動作が安定することで、椅子と車いすの乗り換え、トイレなどの生活動作が行いやすくなります。
・日常で使用する椅子や車いすでの姿勢が安定し、対象を正対して捉えやすくなります。

用意する物・材料

・箱椅子（さまざまなタイプがあります。）
・箱椅子の正式名称は、以下のとおりです。
　商品名「４段スライド式腰掛台」（株式会社学研）
　商品名「訓練用（エクササイズ）ブロック」、「訓練用腰掛」（株式会社内田洋行）
　など

準備

・授業のはじめに、体調を確認します。自分で身体の状態を確かめます。
・学習する目標と内容を教員と一緒に確認することで、児童生徒がより意識をしながら、課題に取り組むことができます。

使い方・実践例

・教員が児童生徒の身体を後ろから支えながら、箱椅子に一緒に座ります。
　児童生徒が前後、左右に重心を意識できるように、
　ゆっくりと身体を移動することを練習します。
・教員と一緒に身体各部を動かしながら、自分の
　姿勢（動き）を自分でコントロールできるように
　します。
・「座った姿勢を保持する」動作、「座った姿勢から
　立ち上がる」動作、「立ち上がった姿勢から座る」
　動作を練習します。

♪ 教材についてもっと知りたい ♪

・手先に不器用さのある児童生徒や、行動のコントロールに難しさのある児童生徒の自立活動でも、使うことができます。
・箱椅子の前に机を置くことで、座った姿勢が安定し、机上の学習がしやすくなります。
・箱椅子にはさまざまなタイプがあります。児童生徒の高さに合った物を使用してください。高さの異なる箱椅子を組み合わせて、段差を上り下りする学習をすることも可能です。

左右のバランスを取りながら、歩行や段差の昇降ができる

またぎ箱

●対　象	●階段を一段ずつ上り下りする児童
	●歩行や階段の昇降時に、姿勢のバランスが左右どちらかに偏る児童
●ねらい	●階段や段差の昇降をする等、左右のバランスを取りながら体を動かす力を育てる。
	●足元に気を付けながら歩く力を育てる。

●「自立活動」　健康の保持　　心理的な安定　　人間関係の形成
　の６区分　　環境の把握　　（身体の動き）　　コミュニケーション

●提　供　　附属久里浜特別支援学校　丸山 菜子

教材の特徴

・踏み出しが利き足に固定しないように、奇数個の段ボール箱を組み合わせ、教材の向きを変えられるようにしました。

・足を交互に出して進めるように、箱をずらして作成しました。

・足元に注目することができるように、対象児童が好きなキャラクターの絵を、一つ一つの箱の中に貼り付けました。

用意する物・材料

・対象児童の足の大きさや歩幅に合わせた、大きさや高さが同じ段ボール箱を複数個用意します。それぞれの段ボール箱を、縦半分の長さ分ずつずらしてガムテープでつなげます。全体の長さは、対象児童の実態に合わせて調整します。

準備

・体育や遊びなどの授業で、対象児童が進んで取り組む器械・器具や遊具と組み合わせて設置することで、活動の自然な流れの中で使用できるようにします。

使い方・実践例

・一つの箱の中に片足を入れて、両足を交互に出して進みます。

・足を交互に出すことが難しい場合は、次の一歩を入れる箱を指差したり、次に出す方の足に手を添えたりして支援します。

・足元やバランスを取って歩くことに集中できるように、児童の実態に合わせて、教員が手をつないだり、手すりにつかまったりできるようにします。

・できたときには教員も一緒に喜び、「できた」「うれしい」と感じることができるように働きかけます。

♪ 教材についてもっと知りたい ♪

・左右の箱の中の色を変える、靴の左右にマークを付けて箱の中のマークと合わせて進めるようにする、好きな感触のマット等を敷くなど、対象児童の特性に合わせた工夫もできます。

・学習集団の興味・関心に合った器械・器具や遊具と組み合わせて設置したところ、他の児童も一緒に楽しんで取り組んでいました。

・本教材を進んで使うようになった時期に、ズボンに足を通したり裾から足を出したりする動きを楽しむようになり、着替えのスキルが上がりました。

・自分の体の動きに興味が出てきて、体操のときに片足立ちをしたり両足跳びをしたりする自分の姿を鏡に映すことを、教員と楽しむようになり、さまざまな動きに挑戦できるようになりました。

足裏全体をつけて座位や立位の安定を図る
すべり止めシート

- ●対　　象　●足裏が床から離れてしまい座位姿勢が崩れやすい児童生徒
- ●ねらい　●足裏を踏みしめる意識を高める
  - ●足裏を踏みしめる意識をつけることで座位の安定につなげる
- ●「自立活動」　健康の保持　　心理的な安定　　人間関係の形成
  の６区分　　環境の把握　（身体の動き）　コミュニケーション
- ●提　　供　附属桐が丘特別支援学校　佐々木 高一

教材の特徴

- ・すべり止めシートは多くの種類があります が、本実践では「介護用すべり止めシート RightNow」を使用しました。
- ・「介護用すべり止めシート RightNow」の 特徴です。
  - （１）薄手で柔らかく、べたつきがない
  - （２）折りたためて、携帯性に優れている
  - （３）水洗いができ、清潔さを保てる

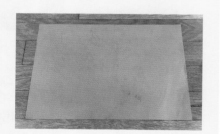

用意する物・材料

- ・商品名「介護用すべり止めシート RightNow」（旭洋鉄工株式会社）
  サイズ：28cm × 41cm　厚み 0.4㎜（A3判より一回り小さいサイズ）

使い方・実践例

- 児童生徒が椅子に座り、床に敷いたすべり止めシートに足をのせます。
- 教員はすべり止めシートを引き抜こうとします。児童生徒は引き抜かれないように、かかとから指先まで足裏全体で踏みしめます。
- 足裏全体で踏みしめられるよう、「足首を曲げること」、「膝を正面に向けること」、「骨盤・上体を前傾すること」など、自分の身体の動きに意識を向け、調整する力が身に付きます。
- 骨盤や上体を前傾しやすくするために、椅子に少し角度をつける（座面のお尻側を高くする）工夫も必要に応じて取り入れます。
- 「10秒引き抜かれなかったら勝ち」など、ゲーム的な要素を取り入れながら実践することもできます。

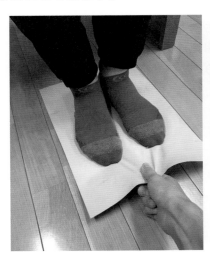

♪ 教材についてもっと知りたい ♪

- 自立活動に限らず、教科の学習に広く使用することができます。例えばプリントに字を書くとき、筆圧が強い場合に、ペン先が紙を突き破ってしまうことがあります。そこで、この「介護用すべり止めシートRightNow」を机上に敷くことで、ペン先が紙を突き破ることなくスムーズに文字を書くことができます。
- 食事場面では片手が動かしにくく食器を持ち上げることが難しい場合、このシートの上に食器を置くことで、姿勢が安定して食べやすくなります。
- 詳しくは、旭洋鉄工株式会社のホームページを参照ください。
  https://www.kyokuyou-factory.com/rightnow/sheet/

附属視覚特別支援学校の自立活動

1　附属視覚特別支援学校の紹介

　本校は、1880年（明治13年）に、楽善会訓盲院として盲生2名が入学して以来、約140年間、日本の視覚障害教育の先導的役割を果たしてきた、歴史と伝統のある学校です。唯一の国立大学法人の視覚特別支援学校であり、視覚障害教育の実践を通して筑波大学の教育研究に協力・寄与しながら、「先導的教育拠点」・「教師教育拠点」・「国際教育拠点」の三つの拠点構想を推進し、「視覚障害教育のナショナルセンター」を目指しています。

2　附属視覚特別支援学校の自立活動

　本校には小学部に1人、中学部・高等部に7人の専任教員がおり、個々の見え方や発達段階、ニーズに応じた指導を行っています。

（1）小学部

　小学部における指導内容は、基本的生活習慣の確立を目的としたものから、各教科指導と密接な関わりをもったものまで広範囲であり、指導場面も学校生活全般から家庭生活まで含めて考えることになります。そのため、学級担任や保護者との連携を大切にして指導にあたっています。また、時間割に配当された自立活動の時間では、主に以下のような内容を扱っています。

時間数／週	主な指導内容
2時間	・手や指の巧緻性を高める活動　・認知や概念を育てる活動 ・歩行能力を高める活動　　　・日常生活技能を高める活動 ・視覚補助具等を使って物を上手に見る力を高める活動

※2020年度現在

（2）中学部

　小学部段階で養われた基礎力をベースに生徒一人一人が必要とする各種の技能の向上を図ることや、社会性の確立・生活能力の獲得等を目標とし、生徒の実態に応じた指導を行っています。学年ごとの主な指導内容は以下のとおりですが、中途失明者や視力低下者については特別時間割を設けて点字や歩行などの必要な指導を行っています。

点字指導の様子

歩行指導の様子

最寄り駅の構内模型
（歩行指導等で活用）

対象生徒	学年	時間数／週	主な指導内容
点字使用	1	1 時間	点字指導、基礎的歩行指導
	2	2 時間	応用歩行指導、日常生活技能指導
	3	1 時間	日常生活技能指導（テーブルマナー）、情報処理指導
墨字使用	1	1 時間	文字指導、視覚補助具の使い方の指導、歩行指導、点字指導
	2	2 時間	文字指導、日常生活技能指導、障害理解の指導、歩行指導
	3	1 時間	日常生活技能指導（テーブルマナー）、情報処理指導

※ 2020 年度現在

＊墨字とは点字に対して、一般の文字を総称して言います。弱視児者はそれぞれの見え方に配慮した学習環境を設定し、拡大教科書や拡大教材を使用、また、弱視レンズや拡大読書器などの補助具も活用しています。

（3）高等部

　1 年次は必修で、その指導内容は、入学時のオリエンテーションで行っている初期評価を参考に決めています。2 年次以降は、生徒のニーズに応じて以下の主な指導内容を行っています。中途失明者や視力低下者については、特別時間割を設けて点字や歩行などの必要な指導を行っています。

学年	時間数／週	主な指導内容
1 年	1 時間	点字指導、文字指導、歩行指導、視覚補助具の使い方の指導等
2・3 年	1、2 時間	点字指導
	2 時間	歩行指導
	2 時間	日常生活指導
	1、2 時間	情報処理指導

※ 2020 年度現在

（4）専攻科

　新入生対象の使用文字の初期評価や個々の生徒からのニーズにより指導を行っています。指導内容は、高等部と同様です。点字指導、歩行指導、視覚補助具に関するニーズがあります。

3　読者の皆さんへ

　本校の教育活動等につきましては、本校のホームページをご覧ください。また本校を含めた視覚障害教育の実践については、「視覚障害教育ブックレット」（ジアース教育新社発行）を中心に発信してきております。以下の URL をご覧ください。

　https://www.nsfb.tsukuba.ac.jp
　https://www.kyoikushinsha.co.jp

（附属視覚特別支援学校自立活動部）

感じる・分かる

手を使って素材の感触が分かる

ぷよぷよボール

- ●対　象
  - ●触覚による感覚受容が優位な児童生徒
  - ●物に合わせた力の調整を行うことが難しい児童生徒
- ●ねらい
  - ●手を使い素材の感触（温かい、冷たい、柔らかい）を感じる
  - ●教材に合わせた手の使い方や力加減を身に付ける
- ●「自立活動」　健康の保持　　心理的な安定　　人間関係の形成
- 　の６区分　　環境の把握　　身体の動き　　コミュニケーション
- ●提　供　　山形大学　池田 彩乃（前・附属桐が丘特別支援学校）

教材の特徴

- ・ぷよぷよボールが児童生徒の手に収まりやすい形状なので、素材の感触を分かりやすく感じとることができます。
- ・握るとすぐにつぶれてしまうので、自然とやさしく教材を扱うように気を付けることができます。
- ※あめ玉のように見えるので、児童生徒が口に含まないように注意してください（香りをつけた際には特に気を付けてください）。

用意する物・材料

- ・商品名「インテリア用　ぷるキラボール」（株式会社レモン　など）100円均一ショップなどでも購入できます。
- ・洗面器

準備

・ボールが水分を吸って膨らむまで3〜4時間程度かかるため、授業の開始時間に合わせて、事前に水に浸けておくことが必要です。
・あらかじめ教員が児童生徒の手指に触れて、手指の感覚を明確にすると学習しやすくなります。

使い方・実践例

・児童生徒が触れやすい位置に素材を置くことで、手指を動かし、感触を楽しむことができます。
・授業では洗面器の中でボールをかき回したり、ボールを持ち上げたりして遊ぶ様子がみられました。
・素材がつぶれやすいため、柔らかく触れたり、手のひらですくったりするなど、児童生徒が、自らの手の動きや力の調整を工夫しながら、物に触れる学習をすることができます。

♪ 教材についてもっと知りたい ♪

・自立活動だけではなく、図画工作や美術の学習でも活用できます。ぷよぷよボールに絵の具をつけて画用紙の上に落としたり、手のひら全体を使ってボールを転がしたりしながら表現することができます。
・ぷよぷよボールの量や水に浸ける時間を調整することで感触が変わるため、授業のねらいや児童生徒の実態に合わせて調整してください。
・水にアロマオイルなどで児童生徒の好きな香りをつけることや、季節によって温水、冷水などを使い分けることもよいでしょう。

初めての場所や活動でも見通しをもって安心して参加できる

声のしおり（音声ペン教材）

●対　象	●見通しがもてない活動に不安を感じることが多い児童生徒
	●写真やイラスト、音声などで繰り返し確認することで安心することができる児童生徒
●ねらい	●初めての場所、初めての活動において見通しをもち、安心して校外学習に参加できる。
●「自立活動」の6区分	健康の保持　（心理的な安定）　人間関係の形成 （環境の把握）　身体の動き　コミュニケーション
●提　供	附属大塚特別支援学校　石飛　了一

教材の特徴

・写真やイラストに音声を加えることで、視覚的、聴覚的に日程や活動内容を確認することができます。

・音声は、ステッカーを使用することで、その場で録音することができます。

・日程だけではなく、持ち物表に活用すれば持ち物の用途（いつ、何に使うのかなど）を説明することができます。

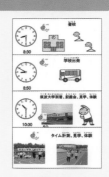

日程表の例

用意する物・材料

・「たびぃ's mile」【エクセルのマクロ機能を活用し、簡単にしおりを作成することができる教材】

　※ POSSYUN Website　http://possyun.la.coocan.jp/schedule/index.html

・音声ペン（商品名「G-Talk」または「G-Speak」：グリッドマーク社）

- ドットコードシール
  ※グリッドマーク社ホームページ
    http://gridmark.co.jp/solution#section02
- 素材に使用する写真やイラスト
- しおりで再生したい音声や音楽、効果音

音声ペンとステッカーの例

準備

- 「たびぃ's mile」でしおりを作成します。しおり作成の際には、イラストや写真を多く用いるように心がけてください。
- 出来上がったしおりに、ドットコードシールを使用して割り当てる音声を録音します（録音したデータは、音声ペン本体のメモリ、または、挿入したmicroSDカードに保存されます）。本人を含めていろいろな人の声を録音するなどの工夫をすると、より注目できるようになります。

使い方・実践例

- 児童生徒が予定を知りたがったときや、不安を訴えてきたときに、本人または教員がシールをタッチして音声を再生したり、写真やイラストを指し示しながら説明したりします。

声のしおりを使用する様子

♪ 教材についてもっと知りたい ♪

- 再生する音声データは、CD音源や、ボイスレコーダーなどで録音したものを使用することもできます。しおりの中に、効果音を盛り込んだり、お楽しみページとして歌のページを作ったりすると、内容が充実します。
  ※音声ペンにデータを移行するためのパソコン、接続するためのUSBケーブルBタイプ、ソフトウェアが必要です。
- シールを貼ったり、音声を録音したり、しおり作りそのものを児童生徒と一緒に行うことで、教材への親しみを増すことができます。
- 宿泊学習では、実際の活動時や1日の振り返りのときに、教員が児童生徒へインタビューしている様子や、児童生徒の感想を録音することで、臨場感のある「声の日記」を作ることができます。
- 産業現場等における実習の事前学習、実習の壮行式や報告会でも活用できます。

附属聴覚特別支援学校の自立活動

1　附属聴覚特別支援学校の紹介

　附属聴覚特別支援学校は、進んで自分の能力を開発し、広い視野に立って文化的生産的活動の発展に寄与できる人間の育成に努めることを目標としています。この目標を達成するため、幼稚部では話し言葉を通して日本語を習得させ、小学部・中学部では通常の学校と同じ教育課程を編成して教科学習を進め学力の向上に努めています。高等部では、教科学習の内容をさらに深めた上で、大学や専攻科への進学、企業への就職など、生徒の卒業後の進路を視野に入れながら、個々の適性に応じた教育を行っています。

2　附属聴覚特別支援学校の自立活動

　聴覚からの情報を正確に受け取ることができなくなると、音声言語の受容・表出が難しくなります。これにより言葉の習得に遅れが生じ、「日本語」での理解や思考の過程で躓きが見られるようになります。さらに躓きを放置する状態が長く続けば、学びに向かう意欲が減退し「自己肯定感」の低下という問題が生じます。

　これらの問題を改善・克服することを目指すのが聴覚特別支援学校の自立活動です。「聴覚管理」「コミュニケーション」「発音・発語」「日本語」「障害の認識と受容」「マナーやルール」「情報保障」などのさまざまな内容が設定されています。具体的な指導内容は学部ごとに異なりますが、幼稚部から高等部まで、個々の実態に応じた一貫した計画のもとで実践されることが求められます。

（1）聴覚管理

　自分自身の聴力の状態を把握することは、障害を補う方法を考えることにつながります。また、補聴器や人工内耳の効果的な活用のためにも「聴覚管理」の意識は大切です。成長するにしたがい聴力がさらに低下することもあります。そうした場合の対処の仕方や普段からの補聴機器の管理方法についても学びます。

（2）発音・発語

　音声によるフィードバックが十分でないことから「発音・発語」が自然には身に付きにくくなります。発音指導により発音の明瞭度が上がることが期待できます。そして発音指導は、日本語の習得にとって有効と考えられる「音韻」意識の形成につながります。

（3）コミュニケーション

　意思の伝達が難しくなることから、「コミュニケーション」面での改善と克服が最重要の課題として取りあげられます。「コミュニケーション」を活発にすることは行動面での積極性につながります。しかし「発音・発語」や「手話」のスキ

聴検室

ルの習得が問題の全てを解決するわけではありません。「コミュニケーション」に関する内容を扱うときには、確かな「日本語」の習得を見据えた指導が必要です。

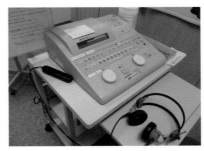
オージオメータ

（4）日本語

　早くから「傾聴態度」を育て、さらに会話に積極的に関わろうとする意欲につなげていくことが大切です。「聞く」「話す」「読む」「書く」は、「国語」の授業で扱われる内容ですが、聴覚特別支援学校においては、自立活動の時間や日常のあらゆる場面を取り込んでの計画的・継続的な指導になります。

（5）マナーやルール

　例えば、周囲の大人たちの日常会話を傍らで聞くだけでも、物事の善し悪しを判断するための情報を蓄積していくことができますが、聴覚に障害があると音声を手掛かりとした情報を得ることが難しくなります。情報が制限されるなかでの気付きの少なさ、経験や知識の偏りは「人間関係」の形成を図る上での障壁になります。そのため「マナーやルール」を、他者の気持ちや日常の場面と関連付けて扱うことが大切になります。

（6）障害の認識と受容、情報保障

　中学部・高等部段階では、自己の「障害の認識と受容」について考えるための指導が求められます。障害を個性として前向きに捉え、積極的に社会に関わろうとする意欲、また、進学先や就職先で必要な支援について説明し自らの力で困難を解決しようとする姿勢、こうした力を育成することがこの時期の大切な課題として位置付けられます。また、「手話」「情報機器の活用」「手話通訳などの情報保障」「福祉制度」について、一層の理解を促す指導が必要になります。

　（1）から（6）まで、基本的で標準的な内容について触れましたが、他にも災害時の情報取得の方法やSNSの適切な使用など、学校の状況や社会情勢の変化に応じた視点を指導に盛り込むことも大切です。

3　読者の皆さんへ

　雑誌も含め自立活動に関する文献はたくさんありますが、ここでは聴覚特別支援学校の自立活動で早期の段階から取り組むことになる「言葉」や「発音・発語」に関する書籍を紹介します。ぜひご一読ください。

板橋安人（2014）『聴覚障害児の話しことばを育てる』ジアース教育新社
永野哲郎（2017）『聴覚障害児の発音・発語指導』ジアース教育新社

（附属聴覚特別支援学校　橋本 時浩）

Coffee Break ❶

校外学習の工夫 ～5附属連絡会議より～

　「5附属連絡会議」では、筑波大学附属特別支援学校5校の教員が年に数回集まり、さまざまなテーマで互いに学び合いながら得られたことを共有してまとめる取組を行っています。

　その取組の中から、各学校行事の一つである「校外学習の工夫」、ここでは特に事前調査、事前学習、事後学習について紹介します。

> 【校外学習で大切にしたいこと】
> ・身近な自然や文化に触れ、生活体験を豊かにすること
> ・自分のことを自分でしようとする意欲や態度を高めること
> ・友達や教員と共に活動することを通して、お互いを知ること

> **point**　子どもたちが、安全に、安心して活動できるよう事前調査、準備が大切です

①実態把握・事前調査

【子どもの実態把握】※宿泊を伴う場合は、特に保護者からの丁寧な聞き取りが重要です。
- 就 寝 時：夜中の排尿はどうするか、手元にお気に入りのグッズが必要か、おむつが必要か、布団を掛けて寝るか、日頃の就寝時間、睡眠のリズム
- 入 浴 時：入浴の手順、シャワーキャップ使用などの髪の洗い方
- 服　　薬：看護師も一緒に飲ませ方を確認　　　　など

【環境把握】
- 活動環境：広さ、段差、音環境、自然観光、遊具・施設の安全性、休息場所等
- 移動環境：屋外（交通量、道路環境・道幅等）、屋内（廊下の幅、階段）
- 生活環境：宿泊階、食事場所・スタイル、トイレの形状・広さ、手洗い場、電源、入浴環境（脱衣所・浴室・浴槽）、アレルゲン、家具配置・高さ
- 近隣施設：店、自動販売機、医療機関（すべての科、特に脳神経外科は経路、距離等を把握）
- 災害時対策（避難場所・経路、協力要請機関等）

　　　● 事前調査のやり取り～動きにくさがある児童生徒の場合

子どもが動きやすいように、椅子やテーブルの間隔を少し広げてもらうようにお願いしましょう。

そうですね。メニューについても、ミキサー食や刻み食など、可能な範囲で子どもの実態に合わせた対応をお願いしてみます。

よろしくお願いします。
それから、宿泊階も確認してください。

分かりました。ホテル側に災害時の避難状況を説明して、低層階での割り振りをお願いします。また、保護者にも災害時にすぐ来られる態勢にあるかなど、担任を通して確認してもらいます。

②見学先や宿泊先にお願いすること（例）

・展示物を可能な限り一人一人見たり、触れたりできるようにお願いする。そのために、事前学習では、手にとって触って理解するものがあるかなどを確認する。[視覚]	・緊急時を考慮し、1階（最高3階まで）の部屋にする。介助しやすい部屋を選択する。 ・浴槽、脱衣場共にマットを敷く都合上、お風呂は貸し切りをお願いする。[肢体不自由]	・視線を合わせてから話すこと、1音1音を区切るなど不自然な話し方は逆に分かりにくいこと、文字や絵を書くと分かりやすいことを伝える。[聴覚]

③事前学習のねらいと活動例

● 場所や活動にイメージをもつことができるようにする。
  ・地引網をイメージしながら友達や教員と遊ぶ。
  ・スキー靴を履いて人工芝の上をゆっくり歩く。
● スケジュールや過ごし方に見通しをもつことができるようにする。
  ・発達の段階、理解の程度、障害の特性をふまえてしおりを作成する。
● 自分のことを自分でしようとする。
  ・自分のことを知ったり、自分のことを周囲の人に分かってもらったりすることの大切さを考える。
  ・身支度、準備・片付け、荷物の整理などに自分で取り組めるようにする。
● 楽しみに待つことができるようにする。
  ・実際のビデオや写真、活動に関係する絵本や紙芝居を見る。
  ・宿泊学習をテーマにした歌を歌ったり、お遊戯を踊ったりする。

④事前学習の実際

知る・気づく		話し合って決める	調べる	
・行先 ・活動内容 ・身の回り ・約束 ・役割分担	・自分のこと ・友達のこと ・得意なこと ・手伝ってほしいこと	・行きたい場所 ・やりたいこと ・約束ごと ・頑張ること 　　　　　など	活用するもの ・パンフレット ・新聞 ・パソコン 　　　　　など	・実物やジオラマに触れて ・身近な経験に触れて ・模擬体験を通して ・パンフレット（絵や写真）を見て ・歌やお遊戯を通して

⑤事後学習の実際

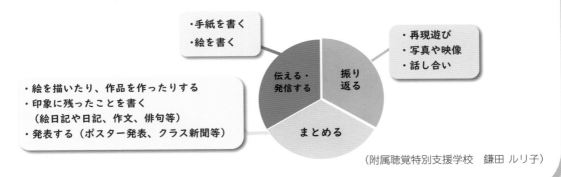

・手紙を書く
・絵を書く

・再現遊び
・写真や映像
・話し合い

伝える・発信する　振り返る　まとめる

・絵を描いたり、作品を作ったりする
・印象に残ったことを書く
　（絵日記や日記、作文、俳句等）
・発表する（ポスター発表、クラス新聞等）

（附属聴覚特別支援学校　鎌田 ルリ子）

空間の中での物の位置を捉える練習ができる
おへやのれんしゅう

●対　象	●文字を読むことはできるが、書くことが難しい児童生徒
	●運動に制限がない一方で、視写することが難しい児童生徒
●ねらい	●２〜６分割の空間の中で点の位置が捉えられるようになる。
	●見本と同じ位置にビー玉を置いて、見本の再現ができる。

●「自立活動」　健康の保持　　心理的な安定　　人間関係の形成
　の６区分　　（環境の把握）　身体の動き　　コミュニケーション

●提　供　　東京都立水元小合学園　武部 綾子（前・附属桐が丘特別支援学校）

教材の特徴

・鉛筆を握って文字を書く前に、書字に必要な、空間の中で点や線の位置を捉えられる力を育てます。

・教員とゲーム形式でやり取りしながら、楽しく学べます。

用意する物・材料

・仕切りのあるチョコレートのトレーをつなげて切って、２（３、４、６）分割の空間を作ったもの（教員用と児童生徒用に２つずつ必要です。裏面にマグネットを貼ってください）

・チョコレートのトレーを固定するためのホワイトボードとビー玉
・ビー玉を提示するトレー（箱や缶のふたに黒いフェルトを貼ります）

準備

・教員と児童生徒が対面で学習でき、机上学習に適切な姿勢や環境を整えます。

使い方・実践例

・ホワイトボードの真ん中に線を引きます。児童生徒から見て、ホワイトボードの左側に教員がビー玉を置いて見本を作ります（児童生徒が右利きの場合）。
・児童生徒は教員の見本を見て、線の右側のトレーにビー玉を置きます。
・同じように作ることができた場合、児童生徒をよく褒めます。
・最初は2分割のトレーから始める、またビー玉1個から始めるなど、課題の難易度をよく吟味し、簡単にできるものから始めるとよいです。
・ビー玉を置く位置も、はじめは簡単なものを取り上げ、徐々に難しくします。
・教員が見本を配置する場面を見せて、同じように作れるようになったら、見本の配置を児童生徒から見えないところで行うとよいでしょう。
・できるようになったら、シールを使ってプリント教材を取り入れると、より書字を意識したものになります。プリントでの指導の場合も、児童生徒が確実にできるよう、順を追って指導することが大切です。

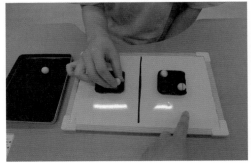 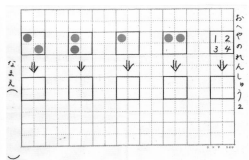

プリント教材（一例）

※ P110 巻末資料にプリントの一例を掲載しています。ご参照ください。

♪ 教材についてもっと知りたい ♪

・宮城武久（2013）『障害がある子どもの文字を書く基礎学習』（学研図書出版）の指導法を参考にしながら、本教材を作りました。

平仮名の形や書き順を理解する

平仮名の型はめ

●対　象	● これから平仮名の学習を始めようとする幼児児童
	● 平仮名の書き順を覚えようとする児童生徒
	● 文字の形や線を捉えることが難しい児童生徒
●ねらい	● 平仮名がどのような形なのか理解する。
	● 平仮名の書き順を覚える。

●「自立活動」　健康の保持　　心理的な安定　　人間関係の形成
　の６区分　　環境の把握　　身体の動き　　コミュニケーション

●提　供　　附属大塚特別支援学校　飯島 徹

教材の特徴

・ベニア板を、糸のこで平仮名の形にカットしました。カットしたベニア板の
　上に、シールを貼りました。

・シールの色を書き順で分けています。

・平仮名の形や向きを認識しやすくな
　ります。

・手先の器用さや集中力を高めやすく
　なります。

・型はめピースがピタッとはまること
　で、形や向き等を捉えやすくなりま
　す。

用意する物・材料

・ベニア板（15cm × 15cm、厚さ１cm 程度）

・赤、緑、青、黄のシール

・糸のこ

使い方・実践例

・型はめの凹の部分を指でなぞり、形や向き、大きさ等を確認します。

・平仮名の書き順にそって、型はめピースを手渡し、方向を整えて穴にはめるようにします。

・全ての型はめピースをはめることができたら、型はめピースの上から指でなぞるように促します。

・最後に、その平仮名を発声するように促します。

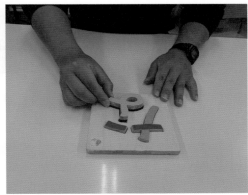

♪ 教材についてもっと知りたい ♪

・自立活動以外では、平仮名の文字を並べて遊ぶことができます。例えば、いくつかの平仮名のピースを机の上に置き、カルタゲームとして楽しむことができます。

・カシオ2.5Dの触覚教材シリーズ（監修：根本文雄）を参考に作りました。（2.5Dプリントシステム-CASIOより）

・ベニア板の上に、平仮名の文字を印刷したプリントを貼り付けてから切ると、きれいに仕上げることができます。

・この教材はピタッとはめることができるように工夫しているため、児童生徒にとっても達成感が得られます。

文字③

単語を組み合わせて文を作り、先生とお話ししよう

カーテンを開けよう！ ～何をしているのかな？～

- ●対　　象
  - ●問いかけに対し、助詞を使わず、単語や身振りで答える児童
  - ●自分の気持ちを、相手に伝わる言葉で表現することが難しい児童
- ●ねらい
  - ●教員とやり取りしながら、教員からの簡単な問いかけに、いくつかの単語を組み合わせて文を作ったり、指さしや身振りで答えたりする。
  - ●名詞や動詞を覚え、単語カードを並べて、文を作って読むことができる。
- ●「自立活動」
  の６区分

  健康の保持　　心理的な安定　　(人間関係の形成)

  環境の把握　　身体の動き　　(コミュニケーション)
- ●提　　供　　附属久里浜特別支援学校　間山 響子

教材の特徴

- ・カーテンが閉まっている状態なので、何の写真やイラストが出てくるのか期待しながら学習に取り組むことができます。
- ・事前に、短文バーに助詞を記入しておくことで、児童は単語カードを選ぶだけなので活動が分かりやすいです。また、出来上がった文を読むときには、助詞も含めた文として捉えることができます。

用意する物・材料

- ・段ボール、突っ張り棒、リング、紐、カーテン生地、板目紙、クリアファイル、プラスチック板、マジックテープ、ガムテープ

準備

・使用する写真は、対象の児童と教員が一緒に体験した活動内容の写真を準備するとよいです。

・単語カードは、白紙のカードを用意しておき、児童が表現した言葉をそのまま記入して使用するようにします。

使い方・実践例

①教員の「せーの。」や「カーテン…」の合図に合わせて、カーテンを開けます。

②写真やイラストを見て、児童が分かったことなどを言葉で表現します。

※このとき、単語カードに児童の表現した言葉がない場合は、教員がその場で白紙カードに書いて渡します。

③教員からの「これ、誰？」、「何をしているの？」などの簡単な問いかけに答えます。

④単語カードを選び、「〜が○○する。」の文を作ります。

⑤教員と一緒に、作った文を読みます。

⑥教員の「ばいばい」や「さようなら」の言葉に合わせてカーテンを閉めます。

♪ 教材についてもっと知りたい ♪

・教員からの問いかけに対し、「ぼくが、こうえんで、あそんだの。」など、日常生活の中で助詞を使った表現で話をすることが増えました。また、自分の思いが伝わるようになったことで、自分の頑張ったことや楽しかったことを話すようになりました。

・カーテンの中に、iPadを取り付けておくと、動画を使って、動詞、形容動詞などを理解して学習することができます。

・単語カードは、さまざまな表現を予想して用意しておきますが、児童からは、教員の予想をはるかに越えた表現がたくさん出てきます。文として適切であることも大切ですが、まずは、児童が自分の言葉で表現したことを受け止め、教員がその気持ちに共感することが、児童の話したい気持ちを高めることにつながると考えます。

附属大塚特別支援学校の自立活動

1　附属大塚特別支援学校の紹介

　本校は1908年（明治41年）に東京高等師範学校（現、筑波大学）附属小学校第三部補助学級を前身とし、知的障害のある幼児児童生徒を対象とする国立大学附属の特別支援学校としての歴史があります。

　幼稚部・小学部・中学部・高等部・支援部を設け、教育計画に基づいて幼児児童生徒の一人一人のニーズに応じた教育を行っています。子ども自身の願いや思いを大切に、自立と社会・文化への参加を目指し、発達および可能性のより豊かな発現を図っています。

2　附属大塚特別支援学校の自立活動

　各部における自立活動の取組や様子を紹介します。

（1）幼稚部

　幼稚部における自立活動は、幼児の実態や課題に即して、「課題別学習」と「設定保育」を中心に行われています。「課題別学習」の時間においては、主に教員との関わりを大切に、言語や認知面などを中心に幼児の実態を捉えながら取り組んでいます。「設定保育」では、主体的に活動参加できるように、本人の好きなものや

幼稚部：大中小の型はめ（丸型）に取り組んでいる様子

好きなことを中心に取り組めるようにしています。個々の自立活動としての課題を盛り込み、楽しみながらも課題が達成されるように、教材の選択や配列、教材自体の工夫を行っています。

（2）小学部

　小学部には、「べんきょう」と呼ばれる課題別学習の時間があり、各学級において認知に関わる内容を中心に扱っています。低学年の学級での様子を紹介します。ある児童は、プリントを使い、平仮名のなぞり書きや視写を行っています。またある児童は、玉ひもや型はめ、棒さしといった基礎教材を使って学習しています。課題が終わるごとに教員とハイタッチすることで、「おわり」への見通しがもてるようになってきまし

た。このように、「べんきょう」の時間では、文字や数といった記号操作や、その基本となる目と手の協応の学習などを行っています。

中学部：友だちに詳しく伝えるためのメモに取り組んでいる様子

（3）中学部

中学部では、個々の自立に向けた課題と個別の教育支援計画、ならびに個別の指導計画に基づいて担任間の情報共有により、生徒の実態に応じた自立活動の指導を行っています。

一例として、個々の自立に向けた課題を基に、5人から6人程度の小集団での指導が効果的である指導内容を設定し、グループ学習を行っています。その中の「コミュニケーショングループ」では、「考えを友だちや先生に分かりやすく伝える」ことを目標に、複数のイラストの中から好きなものを選び、相手に分かりやすく伝える活動を行っています。生徒の実態に応じて、理由を考えたり、選んだものに関する質問に答えたりする活動も取り入れています。

（4）高等部

高等部は、自立活動として週3回30分間、個別の指導計画に基づいた3つの縦割りグループで課題学習を行っています。その中で特に体を動かすグループは、主にコグトレ（認知作業トレーニング）を行っています。体の各部位を棒を使って自分で指すことで体の名称とマッチングをしたり、感覚刺激を感じたりすることで鎮静や覚醒を促し、その他の活動に集中して臨めるようにしています。各担任による体の動きや感覚に関するアセスメントを年度初めに行い担当と実態を共有し、生徒の成長に応じて活動内容を変更しながら取り組んでいます。

3　読者の皆さんへ

ぜひ、附属大塚特別支援学校に、ご来校いただき、自立活動について情報交換ができるとうれしいです。

（附属大塚特別支援学校自立活動・教材部
飯島 徹・加部 清子・片山 忠成・藤本 美佳・根本 文雄）

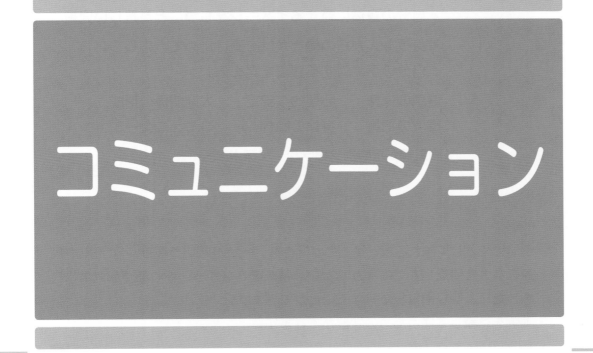

コミュニケーション

ふれあいの中で楽しみながら他者との関わりをもつ

キュッキュッ面白手袋

●対　象	●他者との関わりをもつことが難しい児童
	●自分の身体に対するイメージをもつことが難しい児童
●ねらい	●身近な人からの働きかけを受け止めて、応じる。
	●自分の手に対する認識を高める。
●「自立活動」 の６区分	健康の保持　　心理的な安定　　人間関係の形成 環境の把握　　身体の動き　　コミュニケーション
●提　供	附属桐が丘特別支援学校　加藤 裕美子

教材の特徴

・手袋にやさしく触れると、子どもが好きな「キュッ」という楽しい音が出ます。

・身近な人と手を合わせてキュッという音を聴きながら、ふれあう心地よさを 感じたり、やり取りしたりすることができます。

・両手を意識して使うための学習ができます。

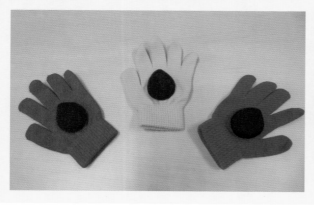

用意する物・材料

・手袋（100円ショップなどで購入できます）

- 商品名「鳴き笛」
- 鳴き笛を包むフェルト
- 毛糸（手袋に伸縮性があるので、糸ではなく毛糸で縫い合わせます）

準備

- 身体の緊張が強い場合には、リラックスできて、手に視線を向けられるような姿勢をとるようにします。
- 手袋をつける前に、教員が優しく児童の手指に触れながら手指の感覚を明確にします。児童が手に優しく触れられることの心地よさを感じ、安心感をもってから手袋をつけるようにするとよいでしょう。

使い方・実践例

- 教員が、手袋をつけた児童の手のひらを優しく触れて、「キュッ」という音を出します。児童の表情に変化がみられたら、触れ方や回数などを変えてみてください。
- 教員が、児童の「手」や「ひざ」など、身体の各部位を意識できるように声かけをしながら、児童の手を取って一緒に触れます。
- 教員とのやり取りに慣れてきたら、友だちと一緒にやってみます。交代で手袋の音を出して、楽しみながら友だち関係をつくることができます。
- 「人間関係の形成」の区分に示されている項目と相互に関連づけをしながら、指導内容を設定することも有効です。

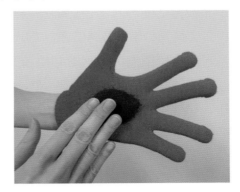

♪ 教材についてもっと知りたい ♪

- 歌唱やリズムを取り入れることにより、音楽の授業でも使うことができます。
- 靴下に鳴き笛をつけることによって、「キュッキュッ面白靴下」に変身できます。ある児童がこの靴下をとても気に入って、「キュッ」と音が出ると笑顔がみられるようになりました。また、足裏が過敏で床に足全体をつけることが苦手な児童が鳴き笛の音を手がかりに、床に足をしっかりと降ろす場面がみられました。

サ行音（「サ」「ス」「セ」「ソ」）の発音要領が分かる

ストロー

●対　象	●聴覚的に発音要領を習得することが難しい幼児児童生徒 ●サ行音の発音に課題のある幼児児童生徒
●ねらい	●「サ」「ス」「セ」「ソ」の子音部分（無声歯茎摩擦音 ［s］）の発音要領を身に付ける。
●「自立活動」 　の６区分	健康の保持　　心理的な安定　　人間関係の形成 環境の把握　　身体の動き　　コミュニケーション
●提　供	附属聴覚特別支援学校　太田 康子

教材の特徴

・飲食に使われる道具であり、衛生面において発音の学習教材に適しています。

・細長い空洞の形状を利用して、舌と上歯裏ではさみ、息を通すことで、「サ」「ス」「セ」「ソ」の子音部分の発音の仕方が学べます。

・入手しやすく、長さを切って調節することもできます。

用意する物・材料

・ストロー（長さ 10〜15cm程度。サ行音の学習には、細く、柔らかめのものが使いやすいです）

①舌先（前舌）と上歯裏でストローの一端（１cm程度）をはさみます。

　・奥まで入れない、唇や歯ではさまないように注意が必要です。手本を見せたり、鏡で確認したりしながら正しくはさみます。

　・ストローは、斜め下を向きます。歯ではさんだり、舌に力が入っていたりすると、ストローが床と平行になったり上を向いたりします。ストローの角度に気をつけます。

　・あせらずゆっくりはさむ練習をします。

②ストローをはさんだまま、息を出します。

　・「スー（[s:]）」とストローに息を通します。

　・ストローの先端に手を近づけると、息が出ているのが確かめられます。

　・コップに水を入れてストローから息を出すと水が泡立ち、楽しく練習できます。やさしく長く安定した息を出せるようにします。泡立たせるために息を強く出してしまわないように、水の量やストローの入れ方を調節します。

　・ストローを切って短くしていっても、安定して息を出せるようにします。

③ストローをはずして息を出します。

　・ストローをはさんだときと同じ口の構えで、舌先と上歯裏のすき間から息を擦り出します。

　・最初は、ストローをはさんで息を出しているときに、すーっとストローを抜き、舌先の位置や口の構えを覚えてもらうとよいかもしれません。

　・[s]が安定して出せるようになったら、[s]の息に続けて、「ア」「ウ」「エ」「オ」を発音する練習をします。「サ」「ス」「セ」「ソ」の音になります。

♪ **教材についてもっと知りたい** ♪

・ストローを[s]の場合よりも奥、前舌と上歯茎ではさむようにして息を出し、「シ」の子音部分（無声歯茎硬口蓋摩擦音[ɕ]）の発音練習をすることがあります。

・太さや長さ、色等の異なるストローを用意しておき、対象児に合わせてさまざまな発音学習に用いることがあります。例えば、発音の基礎、呼気の調節や発音器官の運動機能向上のために、ストローを吹いて小さな軽いボールのような物を転がしてゴールまで運ぶ、ストローの先に風船やビニール袋（絵などを描いておいてもよい）をつけて吹いて膨らませるなど、楽しく取り組める活動になります。

教員の歌声を聴いたり、一緒に同じ物を見たりして楽しむ

サンドウィッチの歌

- ●対　象
  - ●教員と一緒に歌ったり、同じ物を見たりして楽しむことが難しい幼児
  - ●教員の言葉かけに注意を向けることが難しい幼児
- ●ねらい
  - ●教員の声や歌をきいたり、身振りを見たりして、一緒に遊ぶことの楽しさや心地よさを知る。
  - ●教員と一緒に教材を操作したり、体を動かしたりして遊ぶ。
- ●「自立活動」　健康の保持　　心理的な安定　　人間関係の形成
  の6区分　　環境の把握　　身体の動き　　コミュニケーション
- ●提　供　附属桐が丘特別支援学校　村上 絵里佳
  　　　　　（前・附属久里浜特別支援学校）

教材の特徴

- ・幼児の実態に合わせて立体物、写真、イラストに変更して指導することができます。
- ・対象児が好きな歌に合わせて教材を操作することで、教員が操作する物に注目したり、教員の動きに期待感をもったりすることができます。
- ・歌に合わせて教材を操作することで、教員の声を聴いて楽しむことができます。

用意する物・材料

・厚紙、サンドウィッチの材料の写真又はイラスト（パン、ハム、きゅうり、マヨネーズなど）、好きなキャラクターなどのイラスト、お菓子などの空き箱、カードリング、厚紙、マジックテープ

使い方・実践例

①教員の視線の高さで教材を持ち、幼児が教材に視線を向けたときに、教員と視線が合うようにします。

②「サンドウィッチの歌」を歌いかけながら、具材の写真が貼られた台紙をめくります。

③歌に合わせて幼児が具材を台紙からはがし、好きなキャラクターのイラストへ食べさせ（口の中に入れ）ます。

④幼児が教材を操作する様子に合わせて、教員が手遊びをして見せます。

⑤幼児が教員に視線を合わせてから、歌の続きを歌い始めたり、幼児が教員に視線を合わせたときは、ほほ笑みかけたりすることで、教員と関わることの心地よさを感じられるようにします。

♪ 教材についてもっと知りたい ♪

・一人でテレビ番組を見て手遊びをしたり、食材模型を人形に食べさせるふりをしたりして遊ぶことが好きな幼児が、教員と一緒に遊んで楽しむことができるように、この教材を作成しました。

・食べ物が登場するいろいろな歌に合わせて、具材を作り替えて活用することができます。

・教員と一緒に歌ったり、教材を操作したりすることを通して、食べ物の名前を覚える言葉の学習にもつながります。

・幼児の歌声に合わせながら、教員が教材を操作する（具材を貼り付けていく）こともできます。

口腔機能を高める「パタカラ」の歌
『♪パンダのたからもの』で健康アップ

●対　象	●歌やリズム活動、音楽活動への興味・関心が高い幼児児童生徒
	●「口腔機能」を高めることが課題の幼児児童生徒
●ねらい	●「食べること」「しゃべること」が上手になる。
	●口腔機能を改善し、ステキな笑顔になる。
●「自立活動」の6区分	（健康の保持）　心理的な安定　　人間関係の形成
	環境の把握　　身体の動き　　（コミュニケーション）
●提　供	附属大塚特別支援学校　根岸 由香・若井 広太郎
	附属大塚特別支援学校 学校歯科医　加賀谷 昇

教材の特徴

・監修：加賀谷昇（附属大塚特別支援学校 学校歯科医）により、口腔機能を高める「パタカラ」という言葉を使った歌『♪パンダのたからもの』を作りました。「どの子も楽しく歌える」ことをコンセプトとし、リズミカルで、繰り返しの部分が多くなるように、作詞・作曲しました。

・この曲は、サイドステップをしたり、かけ声をかけたり、手拍子をしながら歌います。監修者も一緒に動画撮影を行い、DVD教材として作成しました。

・歌う際には、「ヒーローモデリング」の考え方にのっとり、パンダの着ぐるみを登場させて、楽しく盛り上がって歌います。

用意する物・材料

・パンダの着ぐるみ、パタカラパンダペープサート

使い方・実践例

・歌は動画を見ながら歌います。P111 巻末資料の楽譜をご参照ください。
　※動画は、「特別支援教育 教材・指導法データベース」（筑波大学特別支援教育連携推進グループ）をご覧ください。

パパパ　パンダパンダパンダ　イェーイ
パパパ　パンダパンダパンダ　イェーイ
パンダのたからもの　オー！

パンパンパパーンパ　パンダ
パンパンパパーンパ　パンダ
パパパパパパパパ　パンダ

パタカラパンダ
ペープサートで
発音の練習をします

パタカラ　パタカラ
パタカラ
まほうのことばが
たからもの

パタカラパンダペープサート

コミュニケーション④

・口の動きを意識しながら、楽しく、以下の歌詞を歌います。

　♪パパパ　パンダパンダパンダ（イェーイ）×2　パンダのたからもの（オー）
　　パパパ　パンダパンダパンダ（イェーイ）×2　パンダのたからもの（オー）
　　パンパンパパーンパ　パンダ×2
　　パパパパパパパパ　パンダ　パパパパ　パンダ（パンダ）
　　パタパタはしって　パンダ　タカタカ　タカタカ　パンダ
　　パタパタはしって　のどがカラカラ　カラカラ　カラカラ　パンダ
　　パンダのたからもの　パンダのたからもの
　　パタカラ　パタカラ　パタカラ　まほうのことばがたからもの

> ### ♪ 教材についてもっと知りたい ♪
>
> ・次のパタカラの効果に留意しながら指導し、歌ってください。
> 「パ」唇を開け閉めする力を強くする。　「タ」舌の先の力を強くする。
> 「カ」舌の奥の力を強くする。　　　　　「ラ」舌を巻く力を強くする。

フィギュアを使った遊びを通して、人とのやり取りを広げることができる

動物園で遊ぼう

●対　象	●特定の大人との、関わりを楽しむことができつつある児童
	●１、２個の単語を組み合わせてやり取りができる児童
●ねらい	●他者との関わりを楽しみながら、２、３個の単語を組み合わせて、いろいろな動き等の状況を表現することができる。
●「自立活動」の６区分	健康の保持　　心理的な安定　　人間関係の形成
	環境の把握　　身体の動き　　コミュニケーション
●提　供	鹿児島大学教育学部附属特別支援学校　佐藤 誠
	（前・附属久里浜特別支援学校）

教材の特徴

・一人遊びを好む児童にとって、他者との関わりを広げるための教材として効果的です。

・身振りを使った表現や、単語を組み合わせて表現する、言葉の理解を深めながら表現する力を育てる学習に効果的です。

・100円均一ショップにて販売されている物を組み合わせて、簡単にできます。

・児童の興味・関心やねらいに沿って、配置する遊具や景色を簡単に変えることができます。

用意する物・材料

- ・スチレンボード（土台）、ジオラマパウダー（芝生、砂浜）、画用紙（海、池、道路）
- ・スポンジ（木の葉）、針金（木の幹、枝）
- ・動物のフィギュア
- ・遊具（ブランコ、自転車など）のミニチュア

使い方・実践例

遊具や木、池などを配置したジオラマ上で、動物のフィギュアを使ったやり取りを通して、以下の活動を行います。

①教員のフィギュアと児童のフィギュアとで追いかけっこをしたり、会話のやり取りをしたりして、楽しい気持ちで学習を始めるようにします。

②教員が話す「猿が木に登る。」などの言葉を聞いて、児童はジオラマ上でフィギュアを使って動物の動きを再現します。

③児童の遊んでいる様子をよく見て、教員が「何をしているの？」など問いかけをします。児童は、「象が水を飲む。」などの文章を作って、状況を説明します。

④言葉の理解につなげることができるように、見立て遊びが終わった後は児童自身が遊びを通して覚えたり、実際に使った言葉をプリントに書くようにしたりします。

♪ 教材についてもっと知りたい ♪

- ・大切なことを落とさずに聞いたり、話したりする学習や、テーマを決めて伝える学習などにも活用することができます。
- ・動物だけでなく自分や友だちの顔写真を貼った人形を配置してやり取りすることで、特定の大人や動物だけでなく、友だちへ関心を広げることができます。
- ・本教材を使い始めた頃は特定の大人との関わりが中心でしたが、次第に周りの友だちも教材に関心をもち始め、教員と友だちと3人で、フィギュアを使って遊ぶことができるようになり、友だちとの関わりを広げる機会にもなりました。

シンプルな動きを促す教材で人とのやり取りを学習する
簡単ヘアゴムでビヨーンキャッチゲーム

●対　象	●自分の動きを他者に合わせて調整することに困難がある児童生徒
	●他者と一緒に活動することに困難がある児童生徒
●ねらい	●友だちや教員と協力してゲームに取り組む。
	●相手の動きに合わせて自分の動きを調整する。
●「自立活動」の６区分	健康の保持　　心理的な安定　　人間関係の形成
	環境の把握　　身体の動き　　コミュニケーション
●提　供	千葉県立柏特別支援学校　飯島 啓太
	（前・附属大塚特別支援学校）

教材の特徴

・２人以上で協力しないと成功できないゲームであることが一番の特徴です。

・主な動きは紐を引っ張るという簡単なものなので、シンプルで取り組みやすいです。求められることがシンプルな分、動きを相手や状況に合わせて調整することをねらいにしやすいです。

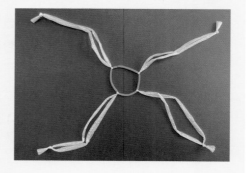

用意する物・材料

・ヘアゴムに、15〜30cm 程度の紐（ビニール紐など身近なもので可）を４本結びテープでとめます。持ち手をつけたり、紐の長さを調整したりしてもよいです。

・とげがたくさんついているイガイガボール（ゴムが引っかかるように）などのボール数個。材質、大きさ、色、形状を変えて数種類用意できるとよいです。

使い方・実践例

・2人で紐を両手に持って引っ張り、ヘアゴムを広げます。広げたヘアゴムでボールをはさんだら、縮めてキャッチします。そのままボールをカゴなどまで運び、またヘアゴムを広げてボールを落としたら大成功！

・2人で紐を引っ張り、ヘアゴムを十分に広げること、相手の引っ張り方に応じて自分の紐を引っ張る方向を調整すること、ボールをはさむのにちょうどよいところまでヘアゴムを動かすこと、目的地までペースを合わせて移動することなど、「協力する」ことの具体的な要素がたくさん含まれています。

♪ 教材についてもっと知りたい ♪

・ボールによって点数を変えて数の計算をしたり、どのボールをねらうか相談するようにしたり、どうやってボールをとるか作戦を立てたりと、ゲームのルール設定によってさまざまなコミュニケーションを促すことができます。3人、4人一組でやっても面白いです。年齢、障害種を問わず、どんな人とでも一緒に楽しめるゲームです。

・床にボールを置くことでしゃがむ動きを自然に促したり、机を使って目線を向けやすく操作もしやすい高さに調整したりするなど、そのときのねらいに応じて運動面での負荷も調整するとよいです。

コミュニケーション⑦

書く活動を通して、積極的に自分を表現できるようになる
修学旅行の掲示物の吹き出し

●対　象	● 自分の思いや出来事を書いて伝えることが苦手な児童生徒
	● コミュニケーションを広げ表現力を高めたい児童生徒
●ねらい	● 体験したことを、積極的に書いて表現しようとする。
	● 正しく書く意識づけをして、表現力を培う。

●「自立活動」　健康の保持　　心理的な安定　　人間関係の形成
　の６区分　　環境の把握　　身体の動き　　コミュニケーション

●提　供　　附属聴覚特別支援学校　眞田 進夫

教材の特徴

・友だちと共有した楽しい思い出を振り返りながら、そのときの気持ちを書くことによって、書く活動に取り組みやすくなります。吹き出しに短い会話文を書くので、積極的に多数書くことができます。

・吹き出しに書いたことは、作文を書く際や会話文などへも広げて使用することができます。

・修学旅行の際だけでなく、さまざまな行事の事後指導（言語指導・作文指導など）でも応用して使うことができます。

用意する物・材料

・修学旅行等の行事の写真

・模造紙

・５cm×７cm 程度の各種色紙（吹き出し用）

使い方・実践例

・例えば修学旅行で日光を訪れ、華厳の滝を背景に写真を撮ってきたとします。その写真を模造紙に貼り、掲示物を作成します。そして、思い出を振り返りながらさまざまなやり取りをします。「華厳の滝は、霧がかかっていなくてよく見えたね。」「華厳の滝で滝に打たれる修行はできそうもないね。」などと話し合うことで、「霧がかかる」「修行」「滝に打たれる」などの言葉に触れるチャンスともなります。

　みんなで共通した体験を基に話し合うので、一人一人が発言することができます。また、ある発言をもとに、さらに話をふくらませて豊かな言語活動をすることができます。

　そうして十分に話し合ったあとで、それぞれの思いやそのときの気持ちなどを吹き出しに書き込みます。書き終えたら、適切な文であるかを読み直し、教員がさらに表現などをアドバイスして完成させたものを貼り付けます。

♪ 教材についてもっと知りたい ♪

・みんなで体験した活動を基にした会話や感想を活用することで、言語活動への意欲につながり、児童生徒の学習に有効です。
・吹き出しの形（フワフワ、ギザギザ等）を自分で工夫させることで、さらに意欲につながります。
・書いたことの正誤について、気にしない児童生徒が、自分で書いた短い文を読み直す、さらに適切な表現のアドバイスを受けることで、書いたものを推敲する習慣をつけることが可能になります。

コミュニケーション⑦

附属桐が丘特別支援学校の自立活動

1　附属桐が丘特別支援学校の紹介

　当校は、大学附属校としては国内で唯一の肢体不自由児を対象とする特別支援学校です。２つのキャンパスがあり、１つは、通学する児童生徒のための校舎である「本校」、もう１つが、医療型障害児入所施設に併設される校舎である「施設併設学級」で、入院期間は様々ですが、療育を必要とする児童生徒が在籍しています。

2　附属桐が丘特別支援学校の自立活動

（1）本校における自立活動の様子

　自立活動は、個々の障害の状態に応じて一人一人に必要な指導を創造する個別性の高い学習です。しかし、「自立活動の学習が学習・生活場面や将来にどのように生きていくのか」、「学習・生活場面での困りや将来の生活で予想される困りから自立活動で何を学習するか」を考えることは、全ての児童生徒に共通する指導内容として捉えています。その共通性を生かし、児童生徒各々が考えたことを発表し学び合う機会を設け、主体的・対話的で深い学びを目指しています。

　そこで、学習・生活場面や将来と自立活動とのつながりを児童生徒が意識できるようにするための仕掛けとして、「テーマを設定した学習」を行っています。発達段階に応じて、どの児童生徒にとっても身近で必要性のあるテーマを考案します。

　これまで実践したことのあるテーマの一例を紹介します。小学部では、「教室での学習姿勢」と題し、教室での学習姿勢の崩れを確認し、自立活動で身体の取組を行った後の学習姿勢はどう変わるか実感していくことを通じて、姿勢や動きの状態に気付く力を高めていきます。中学部では、「定期テストの前後の自分」と題し、勉強で生じる疲れに対して、自分に合った改善方法を自立活動で考え、テスト期間中に実践していくことを通じて、忙しさに応じて変化する心身の状態に気付き、自己ケアを実践する力を高めていきます。高等部では、「職場実習に向けて説明書を作ろう」と題し、自分の障害による困難さについて、初めて関わる他者へ分かりやすく伝えられる方法を自立活動で考え、学校外で実践していくことを通じて、必要な支援を自ら求められる力を高めていきます。

　こうした取組を通じて、児童生徒は自立活動を学ぶ意義を捉え、

座り心地を自ら確認しながら机と椅子の高さを調整している様子

主体的に学習に取り組む様子が見られるようになっていきます。

（2）施設併設学級における重度・重複障害児の自立活動の様子

重度の肢体不自由と知的障害を併せ有し、発達の初期段階にある児童生徒は、睡眠、食事、排泄という心身を健康に維持する生活習慣に困難さが見られます。また、体を動かす難しさから、呼吸・循環機能や体力が弱い場合があったり、身体に力が入り続け同じ姿勢のままいることで疲労が生じたりします。こうしたことから覚醒状態が安定せず、活動中に眠ってしまうこともあります。そこで、外界へ意識を向けられるようになるために、まずは健康状態の改善・安定を図ることが大切になります。

教員の支援を受けつつ、自らバランスを取りながら座る練習

外界を感じ取るためには、触覚、聴覚、視覚等の感覚機能が大切ですが、運動発達の遅れや全面的な介助を要することから受け身がちとなり、日常生活の中で自ら感覚を活用する機会が少なく発達しにくい状況にあります。また知的発達の遅れにより、感じたことを「快−不快」として記憶したり伝えたりすることに時間がかかる場合があります。表出は言語ではなく、表情や身振り等であり、運動機能の障害によりその変化が小さく反応を捉えにくい場合があります。そこで、感覚を受け止めて感じたことを表出しやすい身体づくりを行いながら、保有する感覚を活用していきます。働きかけを繰り返す中で表出が安定して見られるようになっていきます。

そして、こうした表出を教員が受け止め、また期待してやり取りをする中で、信頼関係を築いたり、互いの思いを伝え合うコミュニケーションの力を育んだりしていきます。

3　読者の皆さんへ

当校では、自立活動実践セミナーや筑波大学公開講座において、自立活動に関する実践や研究の成果を発信し、全国の先生方とともに自立活動を学ぶ機会を設けています。ぜひ研修の場としてご活用ください。

（附属桐が丘特別支援学校自立活動プロジェクト　佐々木 高一・高橋 佳菜子）

遊び

教員や友だちと絵本遊びを楽しむ

舞台のような絵本「うんとこしょ！じびきあみ」

●対　象	●身近な人や興味をもった物に対して注目したり、手を伸ばしたりして関わるようになってきた幼児
	●集団での読み聞かせに参加することは難しいが、大人と1対1で絵本読みやふり遊びを楽しむようになってきた幼児（絵本：フレーズを繰り返して楽しむもの、1～2歳児対象のような絵本）
●ねらい	●2場面で展開する「地引き網」の大型絵本の読み聞かせに注目する。
	●「地引き網」のストーリーの中で、網を引っ張るなどのごっこ遊びをしたり、場面を指さしや言葉で表したりする。
●「自立活動」の6区分	健康の保持　　心理的な安定　　人間関係の形成 環境の把握　　身体の動き　　コミュニケーション
●提　供	千葉県立つくし特別支援学校　大門 有紀 （前・附属久里浜特別支援学校）

教材の特徴

・興味をもちやすいように以下の工夫をしました。
　①幼児の写真を使い、絵本に登場させました。
　②絵本に穴をあけて、教員が顔を出し、表情を大きくつけたり、手を出して動かしたりしました。
　③幼児の好みに合う材質の布で魚を作りました。

絵本の写真
（2場面目：地引き網）

・見通しをもちやすいように、2場面（浜辺・地引き網）の展開にしました。

・ロープを引っ張ると魚が入った網が出てくるようにし、ごっこ遊びにつながるようにしました。

用意する物・材料

- 段ボールで作った絵本（見開きサイズ：約90cm×180cm）
- 幼児の顔写真付き人形
- ロープのついた網、さまざまな手触りや色の魚

使い方・実践例

- 絵本を床に立てて設置し、どの席からも絵本や友だちの様子が見やすいように幼児の椅子を馬蹄形に並べます。
- 興味をもって集まったり、注目したりできるように、絵本読みの前に歌や手遊びをします。
- 絵本の1ページ目は浜辺の場面です。教員が絵本の穴から顔を出し登場人物になります。幼児が注目するように表情をつけながら「海に来たけれど、手を伸ばしても魚がとれない」ことを伝えます。
- 2ページ目は地引き網の場面です。網につながったロープが1本あり、海の絵につながっています。教員の誘いかけや動作の手本を見て、幼児がロープを引き、網を引っ張り出します。幼児同士が息を合わせることができるように「うんとこしょ！どっこいしょ！」とリズムよく掛け声をかけます。

- 網の中から魚を取り出し、どんな魚が獲れたかを見せ合ったり、音楽をかけて踊ったりします。

遊び①

♪ 教材についてもっと知りたい ♪

- 本物の「地引き網」をする前に取り組んだことで、当日の活動を理解したり、楽しみにしたりすることができました。「地引き網」をした後には、活動を振り返り、思い出を共有したり、「魚」や「引っ張る」などの名詞や動詞、「重かった」「たくさんとれてうれしかった」などの気持ちの言葉を学んだりすることができました。
- 行事などの事前、事後の学習として、場面や道具立てを工夫して使ってみることができます。
- リズムのある言葉を繰り返しながら、話を展開していくことで、幼児が一緒にせりふを言ったり、身体を動かしたりしやすくなります。

かき氷に見立てた教材を用いて、教員や友だちとやり取りをする力を高める

かき氷を作って遊ぼう

- **●対　象**
  - ●体験したことを思い浮かべながら、物を見立てて遊ぶ幼児
  - ●あまり言葉を使わずに友だちや教員と物を介したやり取りをする幼児
- **●ねらい**
  - ●教員や友だちと身振りや声などでやり取りをする力を高める。
- **●「自立活動」の６区分**　　健康の保持　　心理的な安定　　人間関係の形成
  環境の把握　　身体の動き　　コミュニケーション
- **●提　供**　　鹿児島大学教育学部附属特別支援学校　　大庭 美和子
  （前・附属久里浜特別支援学校）

教材の特徴

- ・色合いや大きさは、幼児たちと実際に使用したかき氷器とできるだけ同じになるように作成しています。
- ・手動のかき氷器のように取っ手を回すことで、氷に見立てた綿が出てくる仕組みにしています。
- ・ペットボトルに、シロップの味のラベルを貼り、色の付いたスズランテープを短く切って入れました。
- ・ペットボトルの切り口は、セロハンテープで保護することで、幼児たちが安全に使用できるようにしています。

用意する物・材料

- 段ボール（約 30cm × 25cm × 20cm、A4 コピー用紙 500 枚×5 が入っている箱など）
- ガムテープ　・ペットボトル（1L × 1、100～300mL × 2）・厚紙　・綿
- ガムテープの芯　・トイレットペーパーの芯　・スズランテープ　・カッター
- はさみ　・セロハンテープ

ペットボトルの上部分とトイレットペーパーの芯をつなぎ合わせた取っ手をテープで固定する。

ガムテープの芯の半面に厚紙を貼り、穴を開けた段ボールの側面に付ける。綿を入れ、左の写真の取っ手をはめる。

使い方・実践例

①教員が教材を使って見せます。

- ・氷に見立てた綿を入れて、取っ手を回します。
- ・シロップに見立てたスズランテープを氷に見立てた綿の上にかけて、食べるまねをします。
- ・幼児に視線を合わせて、「氷、冷たい。」「ぐるぐる。」などと表情や言葉で表現しながら操作をしたり、食べるまねをしたりします。

②幼児と一緒に遊びます。

- ・教材の使い方が分かるように、はじめは手を添えて一緒に使います。
- ・幼児に視線を合わせて、「どうぞ。」「いちご味ちょうだい。」など、教員から話しかけたり、幼児の動作を身振りや言葉で表したりします。
- ・幼児同士のやり取りを引き出すことができるように、幼児の思いを教員が言葉で伝えるようにします。

♪ 教材についてもっと知りたい ♪

- ・実際にかき氷を作って食べているときに、「冷たーい！」「ちょうだい。」など身振りや声で自分の思いを伝えながら、教員や友だちとやり取りをするようになった子どもたち。そんな子どもたちを見て、自由遊びの時間にも同じようにやり取りをしながら教員や友だちとやり取りすることの楽しさを感じてほしいと思い、作成しました。

- ・実際のかき氷作りや本教材を用いた遊びを通して、子どもたちは、かき氷が大好きになりました。子どもたち同士で「つめたーい。」と言い合いながら食べたり、シロップで色が変わった舌を長く伸ばして見せ合ったりしながら楽しんでいました。

遊びながら活動を理解し、見通しをもつことができる
だいこん ～一緒に抜こう！～

●対　象	●活動の内容や流れを理解する上で、絵や写真のめくりを見ることが効果的である児童
	●模型を使って体験することで、活動をイメージすることができる児童
●ねらい	●畑で友だちと一緒に楽しく大根抜きをすることができるように、活動のイメージや見通しをもつことができる。
	●活動の流れや大根の抜き方を理解することができる。
	●大根抜きを楽しみにすることができる。
●「自立活動」の6区分	健康の保持　　心理的な安定　　人間関係の形成
	環境の把握　　身体の動き　　コミュニケーション
●提　供	群馬県立高崎高等特別支援学校　小曽根 和子
	（前・附属久里浜特別支援学校）

教材の特徴

・めくりのイラストに児童の顔写真を貼りました（写真1）。両面ファスナーを使い、簡単に繰り返し貼り換えられるようにしています。めくりをめくると、抜いた大根を手に持った児童のイラストが登場します。

写真1

・模型の大根と畝は、実物に近い大きさや間隔で作成しました（写真2）。また、大根の中におもりを入れました。実際に畑で行う大根抜きの場面や動作、大根を抜いたときの感覚をイメージできるようにしています。

写真2

用意する物・材料

- 大根：新聞紙（適量を丸めて大根の芯にします）、おもり（大根の芯に入れます。乾電池を使いました）、模造紙や色画用紙、セロハンテープ
- 畝：段ボール箱
- めくり（写真１）：台紙（模型（写真２）を写真に撮って使いました）、児童の顔写真、両面ファスナー

使い方・実践例

①大根畑の模型とめくり（写真１）を見る。

- 教員が大根畑の模型を見せながら、大根抜きをする話をします。
- 教員がめくりを見せながら、順番に友だちとペアになって抜くことを伝えます。

②模型を使って大根抜きをする。

- はじめに教員が手本を見せます。
- めくりを見て順番やペアになる友だちを確認して、大根を抜きます。
- 教員の「せーの。」「よいしょ。」などの掛け声に合わせて動作をしたり、一緒に言ったりします。
- 違う順番や友だちの組み合わせで、繰り返し遊びます。

③畑で大根抜きをする 〜別の日の授業で〜

- ②と同様にめくりを使って、本物の大根を抜きます。

♪ 教材についてもっと知りたい ♪

- 児童たちは、自分の顔写真が出てくることを期待してめくりに注目したり、模型の操作を面白がってやりたい気持ちを自分から伝えたりしていました。休み時間に模型で大根抜き遊びを楽しむ児童もいました。畑でも、本物の大根抜きにわくわくしながら順番を待ち、友だちと一緒に大根の葉を持って大根を抜くことができました。
- 「いもほり」や「もちつき」などの活動でも活用できます。
- 児童たちと一緒に活動しながら、大根抜きの歌や動きに合わせた言葉かけが生まれてきました。みんなで歌ったり、歌に合わせて動いたりすると、楽しさやイメージが深まります。教科「音楽」でも扱えます。

ゲームを通して、体の動きや人との関わりを楽しく学ぶ
いろいろ缶つりゲーム

●対　象
- 友だちと一緒にゲームを楽しんだ経験があまりなかったり、楽しめるゲームの種類が少なかったりする児童生徒
- ゲーム内容が視覚的に分かりやすいことや、興味のあるものが含まれていると、意欲的に取り組むことができる児童生徒

●ねらい
- 余暇活動の一つとして、友だちと一緒に室内ゲームを楽しむことができる。
- 好みのキャラクターのついた缶を釣ることや、たくさん釣ることで達成感を味わう。

●「自立活動」
の6区分

健康の保持　　心理的な安定　　人間関係の形成
環境の把握　　身体の動き　　コミュニケーション

●提　供
横浜市立本郷特別支援学校　向井 直美
（前・附属久里浜特別支援学校）

教材の特徴

・児童生徒の好きな絵や写真を使うことで活動する意欲につながります。

・教員が手本で示すと、視覚的に活動内容が理解しやすいです。

・児童生徒の身体の動きに応じて、竿を工夫することができます。竿に直接磁石をつける（竿の長さを変える）、竿に糸をつけてその先に磁石をつける、糸の種類（凧糸、毛糸、モールなど、太さや硬さ）や長さを変えることなどができます。

・クリップをつけるので、いろいろな缶を使うことができます。日常使う缶（自宅、給食で使用した缶）で作成できます。

・缶の大きさや磁石の力を変えて操作を簡単にすることや難しくすることができます。

児童が好むキャラクターイラスト等

用意する物・材料

・缶　・竿に使う棒や糸　・磁石　・ラミネートしたイラストや写真　・両面テープ

準備

・児童生徒の身体の動きや興味・関心のあるものなどの実態把握を行った上で教
　材を作成します。

使い方・実践例

①床に細長いブルーシートを敷き、海に見立てます。椅子から缶までの距離を考
　え、児童生徒が竿を伸ばして釣れるように設定します。その上にクリップのつ
　いた缶を並べます。

②椅子に座って釣竿に見立てた棒で缶を釣ります。棒や糸の先についている磁石
　でクリップをくっつけて釣ります。

③タイマーで時間を知らせて、終わりを分かりやすく伝えます。

♪ 教材についてもっと知りたい ♪

・友だち同士で釣りたい缶が重なったときに相手と言葉を交わすことや譲り合うこ
　となど、人と関わるいろいろな場面をつくることができ、児童生徒同士でどうし
　たらよいか、考える機会を設定することができます。それらの経験を重ねること
　で、友だちとの関係が深まっていきます。

・簡単に作製できる教材なので、授業の中で児童生徒と一緒に絵や写真を選んで缶
　に貼りつけてもよいかもしれません。その際に、缶の口はあらかじめ布テープ等
　で巻いて危なくないようにしておく必要があります。一緒に作製することで教材
　により興味をもつことにつながります。

附属久里浜特別支援学校の自立活動

1　附属久里浜特別支援学校の紹介

　本校は、神奈川県横須賀市野比にある、知的障害を伴う自閉症の幼児児童が学ぶ特別支援学校です。

　本コラムでは、知的障害を伴う自閉症の子ども（以下、「自閉症児」）の自立活動の指導を考える上で大切にしたい二つのことを述べます。

2　附属久里浜特別支援学校の自立活動

（1）「学習上又は生活上の困難さ（以下、「困難さ」）」を子どもの立場から考えること

　A君は、教員の誘い掛けに対し、大きな声で「嫌なの！」と言ったり、手に持っていた物を投げたりして拒否し、さまざまな活動に取り組むことができませんでした。私たちは、こうした行動を見ると、A君の困難さは、「相手の働き掛けを拒否することである」と考えがちです。確かに、関わる側にとっては、A君が働き掛けを拒否するために、予定通りに活動が進まない等、生活を送る上で支障をきたし、困ります。

　一方で、A君にとっては、相手の働き掛けを「拒否すること」で、自分の好きなことに没頭できるため、何も困っていないと言えます。このように考えると、相手の働き掛けを「拒否すること」は、本当にA君自身の困難さであるのか、という疑問が生じます。

　では、A君にとっての困難さとは何でしょうか。A君は、相手の働き掛けを拒否することにより、<u>新しいことを学んだり</u>、<u>経験したり</u>することができず、本心では<u>「やってみたい」などと思っていることが実現できません</u>。その結果、理解できることが増えない等、発達が停滞してしまいます。つまり、下線部のことが、A君の抱える本当の困難さではないかと考えられます。

　このように、自閉症児の場合、関わる側の悩んでいることや困っていることが、その子どもの困難さになってしまうことが多いため、困難さを把握する際は、常にその子どもの立場から考えることが大切です。

（2）指導内容を関連させ、生活の中にある文脈に合わせて指導すること

　本校では、自立活動の指導を、「時間における指導」とともに、学校の教育活動全体を通して展開しています。学校によっては、自立活動の「時間における指導」が教育課程に位置付けられておらず、教育活動全体を通して行われているところも多いと思います。どちらの場合でも大切なことは、指導目標を達成するために、「何を教えるのか（具体的な指導内容）」や「どのように教えるのか（指導方法）」、「どこで教えるのか（指導の場）」、「誰が教えるのか（指導者）」を明確にして指導を進めることです。

　先ほどのA君の場合は、教員と1対1で学習する「時間における指導」では、パズル等の教材を操作することを通して、教員の問い掛けに応じることや、言葉をまねること

などを指導しました（写真1）。また、音楽や生活単元学習、休み時間には、A君の興味・関心に合わせた活動を通して、教員や友だちとの関わりを楽しむことなどを指導しました（写真2、3）。その結果、教員の誘い掛けを拒否することが少なくなり、さまざまな活動に取り組むことができるようになりました。

　このように、自閉症児への自立活動の指導では、その子どもの指導目標を達成するために必要な指導内容が自然に含まれたような生活を計画的につくることが大切です。

写真1
教員の「目はどこ？」等の問い掛けに、キャラクターのイラストを指さして、応じています。

写真2
音楽の授業場面。楽器の音を聴きながら、教員と一緒にリズムを感じて身体を動かしています。

写真3
休み時間。風船を追いかける遊びで、友だちに向かって「あっち（走ろう）。」と言い、自分から関わっています。

3　読者の皆さんへ

　自閉症児は、相手と関わることが難しいと捉えられがちですが、日々、子どもたちと関わっていると、「一緒に学びたい」と思っていることを感じます。子どもたちの気持ちを分かりたいと思い、関わり続けることが、自立活動の指導の第一歩ではないかと思います。

（附属久里浜特別支援学校　塚田 直也）

＜参考文献＞
「平成30年度 筑波大学附属久里浜特別支援学校 自閉症教育実践研究協議会 実践研究収録」
「令和元年度 筑波大学附属久里浜特別支援学校 自閉症教育実践研究協議会 実践研究収録」

避難訓練 ～5附属連絡会議より～

　「5附属連絡会議」では、筑波大学附属特別支援学校5校の教員が年に数回集まり、様々なテーマで互いに学び合いながら得られたことを共有してまとめる取組を行っています。

　その取組の中から、各学校行事の一つである「避難訓練」について、紹介します。

　避難訓練をはじめとする「安全」への意識を高め、自らの命を守る行動をおこすための学習においては、次の3つの視点が重要と考えることができます。

①危険であることの情報を確実に受け取ることができること

　火災や地震等の際に必要な「おかしも（おさない　かけない　しゃべらない　もどらない）」や、不審者への対応における「いかのおすし（いかない　のらない　おおきな声をだす　しらせる）」は、障害がある等のため、サポートを必要とする子どもにおいても重要な行動様式といえます。ただし、視覚や聴覚に障害があれば、警報ランプや警報音が見えない（見えにくい）、聞こえない（聞こえにくい）、あるいは、知的発達の障害があるために目の前の異常を感じ取りにくい等の場合、危険という事態を適切に入手できないことが想定されます。そのため、子ども自身が危険を把握するための指導や環境の工夫が求められます。

②どうすれば自分の命を守れるのかを具体的に分かり・行動できること

　危険な状況に遭遇したときに、自分や周囲の仲間がどのような状況に陥るのかについて、イメージをもちにくい子どもは少なくありません。また、緊急時は日常の生活の流れと異なる状況となるため、変化を苦手とする子どもの場合、心配や不安が大きくなり落ち着いた行動が難しくなります。そのため、非常時にとるべき行動を具体的に理解し、着実に行動する力を身に付ける必要があります。

③日常生活のなかに安全確保への認識、ルール、行動様式を組み入れること

　学校や施設で行われる通常の避難訓練は、大変重要な学習の機会です。ただし、避難経路を覚える・基本的な行動様式を知ることに加えて、障害による情報把握の困難、平常時と同じ行動をとることの困難をふまえた環境設定やルールの工夫が必要となります。

【危険を把握するための工夫】
- 情報を得やすいツールの設置・使用による情報把握の積み重ね
  - 例）笛や音による指示などの音声情報
    文字盤、電光文字表示器やフラッシュランプなどの視覚情報
    上記のツールから確実に情報を得るための日常からの訓練の積み重ね

●明確な指示・連絡系統の確保
　例）マニュアルに基づく訓練の繰り返しと積み重
　　　ね
　　　単独行動をしないルールの設定と避難支援者
　　　の確定
　　　統一した指示を出すためのマニュアルの作成
　　　と日常における確認・運用

視覚情報や聴覚情報を明示する工夫

【安全確保への行動が分かる・できるために】
●行動基準の具体的提示による安心と納得の確保
　例）災害時の生活様式を実体験する（非常食の喫
　　　食訓練・避難場所での生活訓練）
　　　行動のわけを一つずつ説明する
　　　各種訓練の実施順を検討して、子どもの安
　　　心・納得が得られやすい方法をあらかじめ検討
　　　する

避難場所での生活訓練

●行動基準の具体的提示によるイメージの確保
　例）災害時の熱・煙などについて感覚から学ばせる
　　　実感がもてる訓練を頻繁に行い、行動基準を体に
　　　覚えさせる
　　　支援者と一緒に逃げる、杖で・車いすで逃げるな
　　　どの実際の避難を見る・体験する・考える形式の
　　　訓練を積み重ねる

【安全確保に向けた設備・備品の用意】
●非常用電源の確保
　例）通信機器、補聴器や人工内耳、電動車いす、呼吸
　　　器等の電源確保
●地域の方に顔を覚えてもらう
　例）迷子を想定し、子どもの顔や特徴を知らせるシー
　　　トの用意
　　　地域の方の手助けを想定した子どもとその障害の
　　　状態の周知
●避難などが容易な環境設定
　例）行動に時間がかかる場合、低層階に生活・宿泊す
　　　る環境の用意

ホンダ HONDA 発電機エネポ
900VA EU9iGB

持ち運び可能なカセットボンベ式
発電機

（国際学院埼玉短期大学　前・附属桐が丘特別支援学校　加藤 隆芳）

日常生活

いつでもどこでも座って手洗い
マイシンク

- ●対　象　　●既存の流し台を使用して手洗いをすることが難しい児童生徒
　　　　　　●自走で車いすを使用している児童生徒
- ●ねらい　　●手洗いの技能を身に付け、感染症予防や清潔への意識を高める。
　　　　　　●手洗いの必要なさまざまな活動の前後に使用し、手洗いの習慣を育てる。
- ●「自立活動」　健康の保持　　心理的な安定　　人間関係の形成
　　の6区分　　環境の把握　　身体の動き　　コミュニケーション
- ●提　供　　附属桐が丘特別支援学校　小山 信博

教材の特徴

・自分の車いすや椅子に座ったまま「マイシンク」を膝の上にのせ、ホースやじょうろで手に水をかけることで、流水で手を洗うことができます。

・使用した水は、マイシンクの排水溝から排水されます。

・水漏れ防止のため、隙間はシリコンコーキングします。

用意する物・材料

・洗い桶の底に穴をあけ、洗濯機の排水に使われるL字型の管（エルボ）を取り付けてから、排水ホースを取り付けます。

・洗い桶D型Lホワイト（リッチェル）・洗濯機 排水 延長ホース 2m（レック）

・排水トラップ用エルボセット Z44CW-ES（ミヤコ）

準備

- マイシンクの他に、じょうろやホースなど、給水できるものを準備します。
- 自分で手洗いすることが難しい、あるいは手洗いの指導が必要な場合には、マイシンクを支えながら給水する人と、手洗いを支援する人の2名が必要です。
- 屋外など排水を流しっぱなしにできない場所で使用する際は、バケツやポリタンクなど、排水をためられるものを用意します。
- 清潔への意識を高めるため、ハンドソープを一緒に使うと効果的です。

使い方・実践例

①マイシンクを膝の上にのせます。
②排水ホースを排水設備、ポリタンクなどに延ばします。
③マイシンクの上に手をのせます。
④ホースやじょうろなどで水を手に流します。

⑤一般的な手洗いと同様に手を洗います。手指の動作が困難な方の場合は、必要に応じて手洗いの介助をします。

- 食事や調理のために手洗いをしても、その後車いすで自走すると手が汚れてしまいます。この教材を使うことで、自分の席で手を洗うことができ、さらに自走によって手が汚れることに対する気付きを促すことができます。
- 流し台が車いす対応ではなかったり、児童生徒が大型の車いすに乗っていたり腕の関節を伸ばすことが難しかったりする場合でも、手洗いが可能です。

♪ 教材についてもっと知りたい ♪

- マイシンクは、中学部の宿泊学習で野外炊飯をするために開発しました。野外炊飯場には手洗い場がありますが、手前に段差があり、蛇口の間隔が狭いなど、車いすでは使いづらい場所です。調理前に手を洗っても、移動のために泥のついた車いすに触れなくてはならない生徒の様子を見ていて、本教材を思いつきました。
- マイシンクは家庭科の調理実習のほか、学校教育活動全体を通じて手洗いの指導や支援に大変有効です。感染防止を徹底するためにも、児童生徒の障害の状態にかかわらず、誰でもどこでも手洗いができることは、とても大切です。

呼気のコントロールをする練習
ろうそく「ふー!」

●対　象	●言葉で要求を伝えようとしたり、簡単な言葉を模倣したりするが、発音が不明瞭である児童
	●呼気が弱く、声量が小さい児童
●ねらい	●遊びながら、楽しく息を吹く練習をする。
●「自立活動」の６区分	健康の保持　　心理的な安定　　人間関係の形成
	環境の把握　　身体の動き　　コミュニケーション
●提　供	附属久里浜特別支援学校寄宿舎指導員　瀧口 智子

教材の特徴

・ケーキや誕生会が好きな児童が、楽しみながら取り組めます。

・息を吹いて入れた紙が、穴の中に入るので、目的と結果を児童が理解しやすいです。

・ろうそくの絵を描いた紙の厚さや素材を変えることで、さらに呼気のコントロールの練習ができます。

用意する物・材料

・箱
・ケーキの絵や写真
・ろうそくの絵を描いた紙

準備

- ・箱にケーキの絵や写真を貼ります。
- ・上面の半分に穴をあけます。
- ・穴の手前にろうそくの絵を貼ります。
- ・吹くために、ろうそくの絵を描いた数枚の紙を山折りにします。

使い方・実践例

- ・教員が、口唇をきちんとすぼめた口型で吹くことをやって見せたり、鏡に向かって口型をつくったりして、口の形を一緒に確認します。
- ・ケーキの箱の、ろうそくのイラストが貼ってある場所に、ろうそくを一つ置きます。
- ・教員の掛け声「ふー！」とともに、ろうそくに向かって息を吹きます。
- ・ろうそくが箱の中に入るまで、繰り返し吹きます。
- ・ろうそくが箱の中に入ったら、教員は拍手して褒めます。

♪ 教材についてもっと知りたい ♪

- ・「ハッピーバースデー」の歌を歌った後に、吹くようにすると、より楽しく取り組むことができます。
- ・最初は、ろうそくを折る向きを谷折りにすると、穴の中に入りやすいです。
- ・呼気のコントロールができるようになったら、ろうそくの紙の大きさや重さを変えてみましょう。子どもたちは意欲的に取り組むでしょう。
- ・教員のモデルを見たり、模倣したりする経験を通して、深呼吸や、落ち着くための呼吸の仕方の練習につなげることができました。

苦手な蝶結び、すぐにほどけてしまう蝶結びを克服しよう！

蝶結び練習用ツール

●対　象	●蝶結びがまだできない、練習している幼児児童生徒
	●見えにくさや視覚認知の難しさがある幼児児童生徒
	●蝶結びをすると縦結びになってしまう幼児児童生徒
●ねらい	●正しい蝶結びの方法を習得する。

●「自立活動」　健康の保持　　心理的な安定　　人間関係の形成

　の６区分　　環境の把握　　（身体の動き）　コミュニケーション

●提　供　　附属視覚特別支援学校　氣仙 有実子

教材の特徴

・黒色の薄いマット地を背景に、左右の
紐の色を白と黄色にして、コントラス
トをはっきりさせて見やすくしました。

・左右の紐の色を違う色にすることによ
り、結ぶ過程を分かりやすくしました。

用意する物・材料

・黒色マット（100円均一ショップで購入できるマルチマットなど、硬めのものが適
しています）

・カラー紐 30㎝（２色）

【作成方法】

　黒色マットを12㎝四方に切り、中央に５㎝の間隔で２か所穴をあけてカラー紐を通
します。裏側に紐の結び目をつくり、紐が抜けないように固定します。

- 教員が見本を見せながら、幼児児童生徒が同じ手順をたどって蝶結びをすることができます。

- はじめに結び目をつくったとき、左右の紐が上・下のどちらへ出ているかをはっきりさせることが、縦結びにならないようにするポイントです。下側から出ている紐で輪をつくり、上側の紐を輪の上からかけて引き出し、もう一方の輪をつくります（または上側の紐で輪をつくり、下側の紐を輪の上からかけて、引き出しもう一方の輪をつくります）。

- 繰り返し靴紐がほどけてしまう人は、蝶結びが縦結びになっています。縦結びになっている場合は、はじめの結び目を作る際、左右の紐の上下を逆にすることで修正ができます。

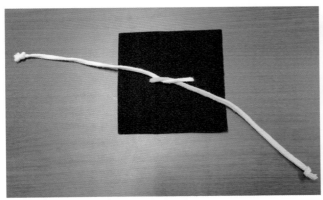

日常生活③

♪ 教材についてもっと知りたい ♪

- 左右の紐の長さを変えたり、色を同じにしたりすることで、難易度を上げることができます。

- 日常生活に欠かせない蝶結びは、ぜひ習得したい技術の一つですが、1本の紐で結び方を教えても、紐がどうなっているか、見てもよく分かりません。本教材は、左右の紐の色を変えているために、複雑な部分の紐の扱い方が分かりやすくなります。

- 正しい蝶結びの方法を習得し、靴紐が繰り返しほどけてしまう幼児児童生徒の苦労を軽減できるようにしたいと考えたことも、本教材を作るきっかけにありました。特別支援学校だけではなく、すべての幼児児童生徒に活用することができます。

バックル・ボタンなどの着脱の練習が楽しみながらできる

なにができるかな？

●対　象	●手指操作が苦手で、ぎこちなさがみられたり、バックル、ボタン、スナップボタンの着脱に時間がかかったりする幼児児童
●ねらい	●バックル、ボタンなどの着脱を練習し、荷物の支度、着替え、給食準備などが一人でできるようになる。
●「自立活動」の6区分	健康の保持　　心理的な安定　　人間関係の形成 環境の把握　　（身体の動き）　　コミュニケーション
●提　供	島根県立出雲養護学校　須山 真理子（前・附属久里浜特別支援学校）

教材の特徴

・リュックサックの中に教材を入れておくことで、バックルをはずす必然性が生まれ、期待感をもって課題に取り組むことができます。

・出来上がりをイメージしたり、ごっこ遊びをしたりして、楽しみながらボタンやスナップボタンの着脱の練習ができます。

用意する物・材料

【リュックサック（バックルの着脱）】

材料（1個分）：バックル（20㎜）、フェルト、
　クロステープ（20㎜幅×1m 程度）

作り方：フェルトを裁断し、クロステープを使ってバックルを縫い付ける。リュックサックの肩掛け部分をクロステープで作って縫い付ける。全体を縫って、仕上げる。

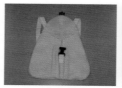
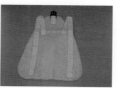

【魚（ボタンつなぎ）】

材料（1匹分）：ボタン（20mm）1個、フェルト

作り方：魚の形にフェルトを2枚裁断し、1枚のしっ
　　　ぽの部分にボタンを縫い付ける。2枚を合わせて全
　　　体を縫い、目の部分にボタンホールを作る。

【あおむし（スナップボタンつなぎ）】

材料：スナップボタン（12mm）6セット、フェルト

作り方：フェルトを裁断して、顔、胴、足（各2枚1
　　　組）を作る。顔と胴にスナップボタンを縫い付ける。
　　　顔のパーツを縫い付け、胴に足をはさんで、2枚の
　　　フェルトを縫い合わせる。

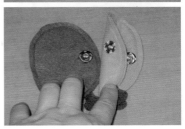

※バックルやボタン、スナップボタンの大きさは、幼児児童の実態に応じて選ぶことが
　大切です。

準備

・3つのリュックサックの中に、魚、あおむし、幼児児童の得意な課題、教員と
　一緒に遊べる玩具などを入れて、バックルをはめておきます。

使い方・実践例

・幼児児童に3つのリュックサック
　を提示し、1つずつバックル
　を外して中に入っている教材を
　取り出すように誘いかけます。

・教材を取り出したら、「何がで
　きるかな？」などと、ボタンを

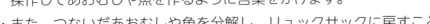
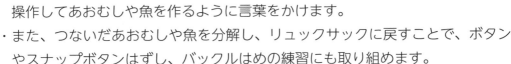

操作してあおむしや魚を作るように言葉をかけます。

・また、つないだあおむしや魚を分解し、リュックサックに戻すことで、ボタン
　やスナップボタンはずし、バックルはめの練習にも取り組めます。

♪ 教材についてもっと知りたい ♪

・遊びながら楽しく取り組んで力をつけてほしいと考えて作成しました。魚やあおむ
　しを、対象児の興味・関心のあるものに形を変えると意欲をより引き出せます。

・色や大きさを変えて作成し、提示の仕方や言葉掛けを工夫することで、大、中、小、
　左、右、真ん中などの言葉の意味や色の名称、数を学習することにもつながります。

ホットケーキも！ハンバーグも！フライ返しを上手に使おう

焼きもの練習用模型

●対　象	●見えにくさがあり調理活動に難しさのある児童生徒
	●手指にまひや不自由がある児童生徒
●ねらい	●調理で焼きものを行う際に必要な技術（食材を安全にフライパンの中に入れる、上手にひっくり返す、皿にのせるなど）を練習し、習得できるようにする。
●「自立活動」の６区分	健康の保持　　心理的な安定　　人間関係の形成
	環境の把握　　身体の動き　　コミュニケーション
●提　供	附属視覚特別支援学校　氣仙 有実子

教材の特徴

・片面にボタンを付け、ボタンを上にした状態からひっくり返したときに、ボタンがあたる音で、うまくひっくり返ったかを分かるようにしました。

・重みをつけるために、布の中にジェル状の保冷剤を入れました。

・調理に必要な技術を、火を使わない状態で繰り返し練習することができます。

用意する物・材料

・布（２種類の色）

・ボタン（視覚障害のある児童生徒が音でひっくり返ったことを確認するために使います。なくても構いません）

・ジェル状の保冷剤

・両面テープ

【作成方法】

- 1枚の布の中央にボタンを付け、2枚の布を中表にして縫い合わせます（保冷剤を入れる部分をあけておきます）。
- 縫い合わせた布を表に返し、保冷剤を入れます。保冷剤は中で動かないように、両面テープを保冷材の数か所に貼り、中で固定します。
- 開いていた部分を縫い合わせて、出来上がりです。

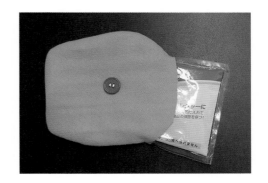

使い方・実践例

- 実際に調理を始める前に、火を使わない安全な環境で調理に必要な技術を練習します。
- フライパンにボタンを上にした状態で模型を置き、フライ返しや箸、トングなどでひっくり返す練習を繰り返し行います。
- 模型を肉や魚に見立て、フライパンの中に入れたり、出来上がったものをフライパンから皿の上にのせたりする練習を行います。

♪ 教材についてもっと知りたい ♪

- 本教材は視覚障害の児童生徒が、フライ返しの使い方を習得するための練習用教材として考えました。見えない状態でひっくり返す技術は、とても難しいものですが、繰り返し練習することで、コツがつかめてきます。
- 視覚障害以外にも、調理に慣れていない全ての児童生徒に有効です。
- 家庭科、技術・家庭、自立活動、生活単元学習など、調理を扱う場面で幅広く使うことができます。事前学習にも適しています。
- 見立てる食材に合わせ、形や重さを変えて数種類作成しておくとよいです。

社会生活

社会生活①

楽しく日にちや曜日の順序を学習し、時間の経過を理解する

いっしゅうかんでんしゃ

●対　　象	●数唱は 10 までできるが、具体物を 1 つずつ数えることが難しい幼児児童生徒
	●「先週」「来週」「明後日」などの理解が曖昧である幼児児童生徒
●ねらい	●日にちや「きょう」などのカードを並べたり、日にちと曜日、「きょう」カードなどを対応させたりする活動を通して、1週間の流れや今週、来週の順番などを理解する。
	●電車形のカードを使い、順番やつながりを意識することができる。

●「自立活動」
　の6区分　健康の保持　　心理的な安定　　人間関係の形成
　　　　　　（環境の把握）　身体の動き　　コミュニケーション
●提　　供　横浜市立本郷特別支援学校　古屋　郁子
　　　　　　（前・附属久里浜特別支援学校）

教材の特徴

・子どもが好きな電車の形をしたカードを使い、日にちや曜日、「昨日」「今日」「明日」のつながりを理解します。

・興味をもつことができるように、「きょう」などのカードを電車の形にして、連結して順番に並ぶようにしました。

・各曜日名の上に7つのドットを並べ、何番目の曜日かが分かるように矢印で示しました。例えば、1番目のドットを指す矢印の下に「にちようび」と書きました。

・カードを読みながら貼ることで、カードに注目して、言葉の意味が理解できるようにしました。

用意する物・材料

・「数字カード」「こんしゅう・らいしゅう・さらいしゅうカレンダー」「きのう・きょう・あした・あさって」などのカード　・カードを貼る台紙　・マジックテープ

使い方・実践例

・今週の日にちカードを教員と一緒に数字を読みながら貼ります。
・「きょう」電車を今日の日にちと曜日の場所に貼ります。その後、「きのう」「あした」「あさって」電車を貼ります。
・「きょう」「きのう」「あした」「あさって」を日々貼り替えます。
・今週が終わったら、「こんしゅうカレンダー」を「せんしゅうカレンダー」に、「らいしゅうカレンダー」を「こんしゅうカレンダー」に貼り替えます。
・「きのう」活動したことを話したり「あした」行う行事などを確認したりします。

♪ 教材についてもっと知りたい ♪

・先週、今週、来週とカレンダーを横に並べて使用することで、日にちの流れが分かりやすいです。
・サイズを拡大して、集団で行う毎日の朝の会や帰りの会、行事などの予定確認の学習に活用できます。
・数字への興味・関心を高めたり、順序を表す数、数図を理解したりする学習にも活用できます。
・日常生活の日課・予定が分かり、予定を考えながらイベントを楽しみに待ったり、見通しをもって行動したりする力が育っていきます。行事などの変更を知り、気持ちを切り替えたり、代わりに何をして過ごすかなどを計画したりする力もついていきます。将来的には、自分の仕事や余暇の予定をスケジュール帳やタブレット端末で管理できる力につながります。

好きなものがいつも近くにあり、仕組みがよく見える

my エレベーター

●対　象	●エレベーターが大好きで見かけると立ち止まってしまう児童 ●イライラしたときに好きなものを見に行くと気持ちが落ち着く児童	

●ねらい　　●イライラしたときに、適切な行動によって気持ちを切り替えることができる。

　　　　　　●気持ちを言葉で表現し、行動を調整することができる。

●「自立活動」　健康の保持　　心理的な安定　　人間関係の形成
　の６区分　　環境の把握　　身体の動き　　コミュニケーション

●提　供　　愛知県立名古屋盲学校　中山 浩太郎

　　　　　　（前・附属久里浜特別支援学校）

教材の特徴

・極力、単純なつくりにすることで、実際のエレベーターの仕組みを細部までじっくり見て確かめることができます。

・街中にしかないような設備が身近にあることで、落ち着く手段を即時に得ることができ、安心して過ごせます。

・エレベーターは、遊ぶための乗り物ではないため、街中では乗ったり、興味深く観察したりするには、人目や時間など社会的な制約があります。本教材ではそれを気にすることなく、満足するまで好きなものと関わることができます。

用意する物・材料

・２×４木材、ロープ、滑車、木ねじ、かご、フック

・児童の手に合ったロープと、それが通る滑車を用います。

・好きな高さでかごを停止できるように、柱にフックを付けます。

使い方・実践例

①教員が、アナウンスをつけながら楽しそうに遊んで見せます。

②児童を遊びに誘い、動きに合わせて言葉をかけたり一緒に遊んだりします。

　・「上へまいります。」「ドアにご注意ください。」などのアナウンスをします。

　・「楽しいね。」「もっと遊びたい？」などと話しかけます。

　・終わるときには「満足した？」と問いかけ、気持ちが切り替わった状態や満たされた状態を意識させることが大切です。

③イライラしたときに遊びに誘います。

　・次からは、児童から「遊びたい」という言葉が出ることを期待して少し待つようにします。

　・最後には、「満足した」という言葉で自分の気持ちを表現することができるようになり、気持ちを切り替え、イライラを引きずる時間が短くなりました。この教材を使って、友だちと遊ぶことができるようになりました。

♪ 教材についてもっと知りたい ♪

・ある児童の小学部３年生のときの実践です。当時、遠足や校外学習で利用する駅やスーパーのエレベーターは、ガラス張りで中の見えるものでした。その近くを通るたびに、児童はエレベーターが動く様子をじっくり見ようとしていました。興味のあるものとゆっくり関わらせてあげたいのですが、地域の人が使う設備や、その後の予定があることなどから、いつも「あと１回ね。」「10 数えたらおしまいね。」などと伝えて、半ば遮るようにしてそこから離れていました。心ゆくまで好きなだけ見せてあげたい、いくらでも触っていいものがほしいと思い、この教材を作りました。一方で、一度イライラしてしまうとなかなか落ちつけず、物に当たることもしばしばでした。身近なものを使って落ち着いた感覚が得られたときに言葉をかけ、感覚と言葉を結び付けられるよう接しました。６年生になった児童と再会したとき、悲しかった出来事があっても、イライラして物に当たるのではなく、言葉で説明して訴える姿に、大変な成長を感じました。

社会生活②

人の話を聞ける子どもに　自分の気持ちを話せる子どもに

トーキングゲーム

●対　象	●人の話を最後まで聞けない、自分だけがしゃべり続ける、自分の気持ちをうまく表現できない子ども
●ねらい	●ゲームとして「傾聴と自己開示」を繰り返すことで、お互いのことを知り理解し合える関係性を築く（多様性を尊重する学級集団づくり）。

●「自立活動」　　健康の保持　　心理的な安定　　人間関係の形成
　の６区分　　　環境の把握　　身体の動き　　コミュニケーション

●提　供　　　創価大学　安部 博志（前・附属大塚特別支援学校）

教材の特徴

・ゲームだから気軽に話せます。
・知っているつもりで知らなかった、互いの意外な一面が見えてきます。
・人の話を最後まで聞く構えが身に付きます。
・自分の話を最後まで聞いてもらえる安心感で心が満たされます。
・コミュニケーションの楽しさに目覚めます。

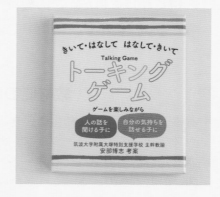

用意する物・材料

・「トーキングゲーム」株式会社 tobiraco（トビラコ）　考案：安部博志
　※株式会社 tobiraco のホームページやアマゾン等から購入できます。

①グループ人数は、2人から6人が適当です。

②最初にルールを確認します。人の話は黙って聞きます。途中で質問したり、からかったりしません。答えたくないときには、パスカードを出すことができます。パスカードは、前もって一人2枚配っておきます。

③カードを切って裏返し、真ん中に置きます。

④順番にカードを引いて、書かれている質問に答えます。その際、大人がユーモラスに自己開示のモデルを示してあげると緊張した空気が和らぎます。

⑤ゲームが終わってから「質問タイム」を設けると満足感が高まります。

⑥このゲームには、勝ち負けはありません。頷きながら一生懸命に話を聞いていた子どもを褒めてあげてください。

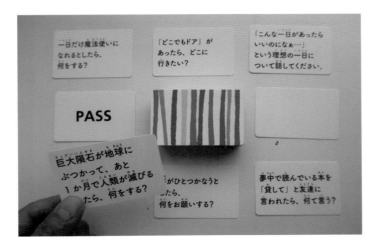

社会生活③

♪ 教材についてもっと知りたい ♪

・家庭や学校、幼児から大人まで、工夫次第でどんな年齢でも楽しめます。

・自立活動に限らず国語や休み時間など、教科や学級集団づくり全般に活用できます。

・ブランクカードが入っていますので、子どもに応じたオリジナルの質問カードを工夫してみてください。

・耳を澄ませると、子どもの心（本音）のアセスメントができるかもしれません。

・通常の学級における交流及び共同学習でも活用できます。お互いのことを知り、理解しようとする姿勢は、さまざまな考え方を認め合い、多様性を尊重する学級集団づくりにつながります。

就学期にサインを見て行動することを学び、自立的な行動に応用できる

知的障害児者のわかりやすさに着目したサインデザイン

●対　象　　●一人で外出することに不安のある児童生徒
　　　　　　●一人での通学を目指している児童生徒

●ねらい　　●サインを見て情報を理解し、目的地に向かうことができる。

●「自立活動」　健康の保持　　心理的な安定　　人間関係の形成
　の6区分　　環境の把握　　身体の動き　　コミュニケーション

●提　供　　九州大学　工藤　真生（前・附属大塚特別支援学校）

教材の特徴

・図1は、知的障害児者にとって目的地がわかりやすいように、「ピクトグラム」という図記号を用いた表示です。このピクトグラムは、計355人（知的障害がない中学生〜大学生、知的障害がある幼児、小学生〜高校生）を対象とした調査に基づいて、考案しました。

　表示が示す意味を理解しやすいよう、①動きや音を表す *motion line* という線、②場所を象徴する人物や行動する人物を入れる、③一般的に使用されているシンボルを加えて改良するという3点を工夫しました。

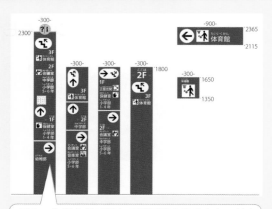

図1　矢印を〇で囲んで誘目性を高めたり、校内環境で使われる色彩を考慮し、無彩色を取り入れたりして工夫をしています。

用意する物・材料

・Adobe Illustrator® をインストールした PC
・ハレパネ・プリンター・ロール紙・カッター・定規

①最初に、一人で目的地に向かいたいときや、道に迷ったときに、何を手がかりにすればよいか、児童生徒に質問します。

②公共施設や交通機関等に設置されているサイン（案内表示、方向表示等）をスクリーンに投影し、紹介します。サインを見て何が表されているか、児童生徒に考えさせた後、サインの情報が表す意味について伝えます。

③校内を児童生徒と回り、学校にサインが設置してあることに気付かせます。

④サインを辿って、目的地に到着することが出来るか、２人程度のチームで体験させます。

⑤事後学習として、学校以外にサインがある場所を写真で撮影し、授業で報告し合ったり、安全・注意・禁止等の様々なピクトグラムを見て、それが表す意味を答えてもらい考えさせたりします。授業を通して、学校以外の環境でサインやピクトグラムに着目しながら自立的に行動するきっかけをつくります。

♪ 教材についてもっと知りたい ♪

・附属大塚特別支援学校の校内には、2019年に３基のサインを設置しました（図２）。このサインは、知的障害のある高校生を対象に、ピクトグラムやルビの表記のわかりやすさについて調査した結果に基づいて、デザインしたものです。

・図３のピクトグラムのデザインは、生徒に聞き取りの調査をしながら、国内外で評価が高いピクトグラムも参照にした上で、筆者がデザインを調整しました。

・本教材のように、障害を有する人にとってわかりやすいサインやデザインが、公共の場で広く使用されるようになるためには、教育現場での実践の積み重ねとデータの蓄積が不可欠と考えています。

図２　附属大塚特別支援学校の校内で実際に活用されているサイン

図３　わかりやすいピクトグラムのデザイン（左から音楽室、会議室、保健室、体育館）

社会生活④

音響信号のない信号機のある交差点の横断について考える

信号機のある交差点

●対　　象	●外界の情報を触覚および聴覚から得ている全盲の生徒
	●交通ルールを学び、言語化することを学習している生徒
●ねらい	●交差点の全体構造を模型から把握し、信号の切り替わりと車両の流れや歩行者の横断を関連づけて学習できるようにする。
	●横断のための青信号を判断する視覚以外の手がかりを、模型を通して理解する。
●「自立活動」	健康の保持　　　心理的な安定　　　人間関係の形成
の６区分	環境の把握　　　身体の動き　　　コミュニケーション
●提　　供	附属視覚特別支援学校　　山口　崇

教材の特徴

・全盲の生徒が交差点の実物全体を触って確認することはできないため、30㎝四方の模型で表しました。また、交差点を面として領域を確認したいときは、両手で触りやすいように信号機を取り外すことができます。

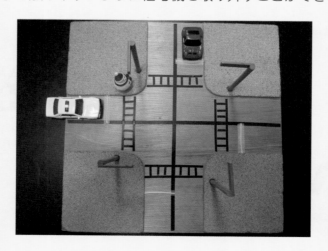

用意する物・材料

- ・合板（W300 × D300 × H10㎜）　・コルクシート(細目)　　・罫線引きテープ
- ・木製丸棒　・アイススティック棒　・タコ糸　・マスキングテープ
- ・木工用ボンド　・のこぎり　・木工ドリル　・紙やすり　・ミニカー

歩車道の区別が触って分かるように、歩道部分にコルクシートを貼っています。また、横断歩道は罫線引きテープ、車の停車位置はタコ糸の上にマスキングテープを貼って立体的にし、触って分かるように工夫しています。

使い方・実践例

- ・車両は左側通行であることや、横断を行う上での視覚以外の手がかり（信号のサイクル、平行に移動する車両の発進音）をこの教材で学習し、交差点の明確なイメージができてから実際の歩行を行うとよいです。
- ・ミニカーでの車両の動き、自分の指などを横断者に見立てた動きを取り入れることで、模型と実際の交差点とを関連づけて学習していくことが望ましいです。

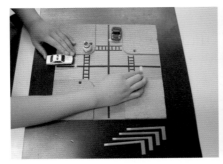 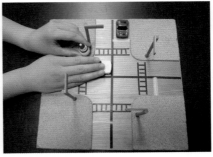

♪ 教材についてもっと知りたい ♪

- ・視覚障害児者は、交差点での横断開始場所（横断する道路に面した歩道）で立ち止まり、横断のタイミングを図ります。そのときに、①自分と垂直に移動する車の動きが止まること、②平行する車がアイドリングしている状態から発進すること、つまり信号のサイクルと車両の発信音を手がかりに交差点横断を判断します。音響信号のない交差点横断は、応用的な歩行技術が求められます。そのため、実践的な指導に当たる前段階として、本模型を使ってイメージを構築することができます。
- ・安全に交差点を横断するタイミングの判断について言語化することが目的の学習においては、視覚障害児者以外の児童生徒にも有効な教材であるといえます。また、信号機のある交差点で信号の色情報だけでなく、信号全体のサイクルから車両や通行人の動きを理解し、交通ルールを守ることを指導する際にも、対象を限定せずに活用できます。

通院というピンチが自立の自信につながる
診察のお願い

●対　　象	●聞こえにくさのある生徒
●ねらい	●聞こえないことをきちんと伝え、自分の症状を相手に適切に伝える。
	●診察手順、薬の種類や服用方法などを知る。
●「自立活動」 　の6区分	健康の保持　　心理的な安定　　人間関係の形成 環境の把握　　身体の動き　　コミュニケーション
●提　　供	附属聴覚特別支援学校寄宿舎

教材の特徴

・医師に必ず伝えたい内容のメモ書きを作成しますが、メモ書きを作成しやすいように、外科用と内科用に分けたフォーム「診察のお願い」を用いて、重要な項目の内容をあらかじめ記載しておくことができます。

使い方・実践例

外科用

・自分の身体に関するプロフィールデータを書き込みます。

・怪我をした状況について記入します。

・該当項目に○印をつけます。
　　○アレルギーの有無と種類
　　○薬や注射に対する副作用の有無と種類
　　○現在、他に治療中の病気の有無とその種類

・痛いところを身体図に書き込みます。

・症状と痛みの様子について寄宿舎指導員と話をしながら記載します。

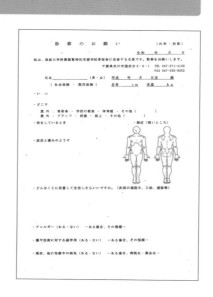

内科用

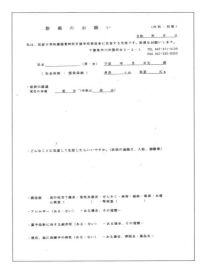

・自分の身体に関するプロフィールデータを書き込みます。
・該当項目に○印をつけます。
　　　○既往症
　　　○アレルギーの有無と種類
　　　○薬や注射に対する副作用の有無と種類
　　　○現在、他に治療中の病気の有無とその種類
・症状の経過について寄宿舎指導員と話をしながら記載します。

　通院に寄宿舎指導員が同行する場合もありますが、診察時には、あらかじめ作成した「診察のお願い」を医師に見せながら、生徒が主体となって説明をします。

　さらに、生徒が医師に「診察のお願い」を指し示しながら「どんなことに注意して生活したらいいですか（次回の通院日、入浴、運動等）。」と質問をして、聞き取った内容をメモしてくるように促します。

※ P112～113 巻末資料に「診察のお願い」（外科用・内科用）を一部改訂して掲載しています。
　ご活用ください。

♪ 教材についてもっと知りたい ♪

【この教材が生まれた経緯】

　この教材は、附属聴覚特別支援学校の寄宿舎で使用しているものです。生徒は全国から集まるため、遠方の生徒（高等部、専攻科）は学校の敷地内にある寄宿舎で生活しています。

　昭和 50 年代の後半に、校医から「聞こえない人たちは、情報不足で痛みが大きく感じられ、病院という非日常的な場所では不安も高まりやすいことから、診察前の問診で正確なやり取りができない」との指摘を受けました。そのため、病院に行く前に、医師に伝えるべき内容を毎日生活している場である寄宿舎でメモしてから出かけることが始まりました。そのメモをより短時間で記載できるように少しずつ改良してきたものが「診察のお願い」なのです。

　派生的な効果として、医師に対して自分の症状を主体的かつ正確に伝えられる生徒が増えてきたことがあげられます。

社会生活⑥

◆おへやのれんしゅう（P44〜45）学習プリントの一例

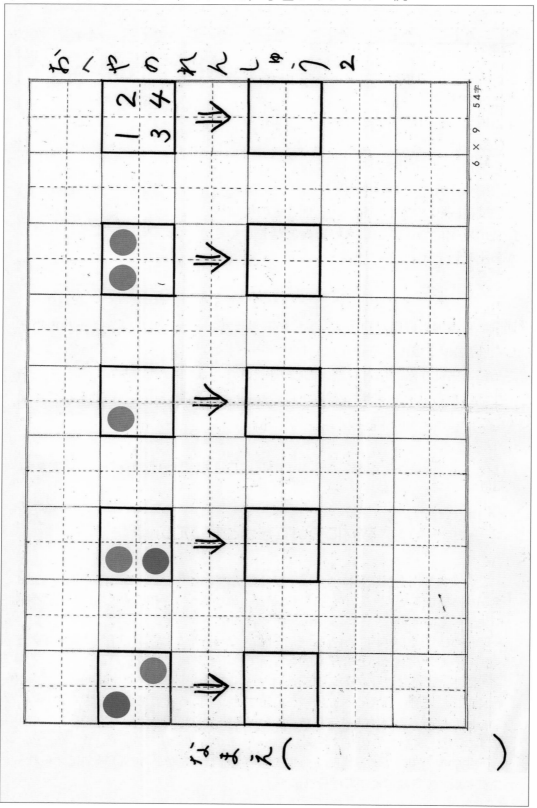

♪パンダのたからもの

根岸由香 作詞作曲

診 察 の お 願 い

（外科・初診）

　　　　　　　　　　　　　　　　　　　　令和　　年　　月　　日

私は、_____ の児童生徒です。診察をお願いします。

　　　　　　　　　　学校所在地
　　　　　　　　　　連絡先

　　氏名 _____ （男・女）　　平成　年　月　日生　　歳

　　（社 会 保 険 ・ 国 民 保 険）　　身長　　　　cm　　体重　　　　kg

・い つ

・どこで

　　屋 内 ： 寄宿舎 ・ 学校の教室 ・ 体育館 ・ その他（　　　　　　）
　　屋 外 ： グラウンド ・ 校庭 ・ 路上 ・ その他（　　　　　　）

・何をしているとき　　　　　　　　　　　　　・部位（痛いところ）

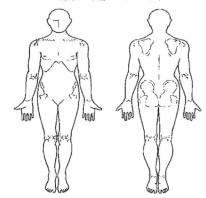

・症状と痛みのようす

・どんなことに注意して生活したらいいですか。（次回の通院日、入浴、運動等）

・アレルギー（ある・ない）　―ある場合、その種類―

・薬や注射に対する副作用（ある・ない）　―ある場合、その種類―

・現在、他に治療中の病気（ある・ない）　―ある場合、病院名・薬品名―

※このフォーマットは、「社会生活⑥診察のお願い」を広くご活用いただくために、一部を
　改訂して掲載しています。

診　察　の　お　願　い　　　　　　（内　科・初　診）

令 和 　　年　　月　　日

私は、＿＿＿＿＿＿＿＿＿＿＿＿＿＿＿＿の児童生徒です。診察をお願いします。

　　　　　　　　　　　学校所在地
　　　　　　　　　　　連絡先

　　氏名 ＿＿＿＿＿＿＿ （男・女）　平成 　　年　　月　　日生　　　歳

　　（社会保険・国民保険）　　身長 　　　cm　体重 　　　kg

・症状の経過
　現在の体温 　　　度　　分 ・（平熱は＿＿度＿＿分）

・どんなことに注意して生活したらいいですか。（次回の通院日、入浴、運動等）

・既往歴 　　流行性耳下腺炎・急性虫垂炎・ぜんそく・麻疹・結核・風疹・水痘
　　　　　　心疾患（　　　　　　　　　）・腎疾患（　　　　　　　　　）

・アレルギー（ある・ない）　―ある場合、その種類―

・薬や注射に対する副作用（ある・ない）　―ある場合、その種類―

・現在、他に治療中の病気（ある・ない）　―ある場合、病院名・薬品名―

※このフォーマットは、「社会生活⑥診察のお願い」を広くご活用いただくために、一部を
　改訂して掲載しています。

◆本文で使われた言葉の説明（五十音順）

　以下の説明は、本文で使われた言葉について、分かりやすく紹介したものです。あくまでも、本書の文章中における説明であることをご了承ください。

言　葉	解説	ページ
アセスメント	障害のある幼児児童生徒の教育的ニーズに応じた授業や支援を実施するためには、個々の障害の状態および発達段階や特性を的確に把握することが重要となります。藤田（2004）は、アセスメントを「子どもに関する量的情報」（主に各種検査法）と「子どもの質的情報」（主に行動観察法や面接法）といった、子どもに関する客観的な情報を「意味づけ・解釈」することと説明しています。	103
感覚受容	私たちは、感覚器官（見たり聞いたり、揺れを感じたり、触って確かめたりするなどの器官）を使って、自分の周りの様々な刺激を感じています。感覚器官を通して自分の周りからの刺激を感じることで、周りを意識し、知り、確かめていくことになります。このように、自分の周りからの様々な刺激を感じとることを感覚受容といいます。	34
空間の中で点や線の位置を捉える	障害のある児童生徒の中には、視力に問題がなくても、視覚を十分活用できないことをはじめとして、感覚・認知のもたらす困難さの要因によって、文字や形を捉えたり、書いたりすることに難しさが見られることがあります。 　その中の一つに、「位置関係の把握」の難しさがあります。具体的には、ある空間の中で、対象物の上下左右などの位置関係を捉えたり、対象物を空間内に位置づけたりすることの難しさがあります。このことにより、例えば、国語の学習ではマスの中に入るように、漢字のへんとつくりをバランスよく書くことが難しくなります。	44
傾聴	相手の話の文字通りの意味だけを受動的に聴くのではなく、例えば「どんな気持ちでこの話をしているのだろう。」など、相手のことを分かろうとするように、積極的な姿勢で話を聴くことです。聴き手が話し手を大切にする心構えで、相手の話を聴いていくと、話し手は自分の気持ちを率直にのびのびと話すことができて、内面的に変化する可能性があります。	102
口腔機能を高める・改善	特別支援学校に在籍している子どもたちの中には、発音が不明瞭な子どもたちが多くいます。唇を使って発音する「パ」、舌の前方を使って発音する「タ」、舌の後方を使って発音する「カ」、舌を弾ませるようにして発音する「ラ」を楽しみながら発音することにより、口の中やその周りの筋肉や調整機能が鍛えられ発音が明瞭になったり、嚥下機能（食べ物を飲み込んだりする力）が高められたりすることが期待できます。	60
交流および共同学習	小中学校等や特別支援学校の学習指導要領においては、障害のある子どもと活動を共にする機会を積極的に設けるように示されています（小学校学習指導要領第1章総則第4の2）。また、2004年に障害者基本法の一部が改正・施行され、その中でも「交流及び共同学習」を積極的に推進していくことが示されています。 　「交流及び共同学習」には、相互のふれあいを通じて豊かな人間性を育むことを目的とする「交流」の側面と、教科等のねらいの達成を目的とする「共同学習」の側面があると考えられます。「交流及び共同学習」は、障害のある幼児児童生徒の自立と社会参加を促進するとともに、障害者でない幼児児童生徒にとっても社会を構成する様々な人々と共に助け合い、支え合って生きていくことを学ぶ機会となり、ひいては共生社会の形成に役立つものと言えます。	103
座位保持	児童生徒が座っている状態を適切に保つこと。机上での学習や活動を行う際に、本人の疲れを軽減して座った状態を適切に保つことが大切です。	20

視覚認知	視覚認知とは、「見てわかる」ことです。視覚情報の入力は、視力だけでなく、眼球運動や両眼視などの調節機能が関係します。また、取り込んだ情報の理解には、空間認知、形態認知などが関連します。さらに、視覚情報は、他の感覚や運動機能と連動し、目と手の協応などによって、その結果が出力されます。 　視覚認知の発達を促すには、認知特性や発達の段階を踏まえた適切な関わりが必要となります。	90
自己開示	自分の感情、価値観・考え方、自分のしたことや生い立ちなどの行動を語ることです。感情・思考・行動について、胸襟を開き身構えないで語ることは、効果的なコミュニケーションを形成するための、大切な要因の一つとされています。	102
自己ケア	Column「附属桐が丘特別支援学校の自立活動」では、「自己ケア」という言葉を「現在の心身の状態に気付いて、身体が楽になるような姿勢をとったり、休息する時間や場所を確保したりするなど、自分で心身が安定するように調整する」という意味で用いています。肢体不自由のある生徒の場合、長時間机に向かった姿勢が続くと、背中や腰、足等が疲れて身体に負担がかかる場合があります。特に、成長期にある中学部の生徒は、身体の変形や関節の拘縮が生じることが見られやすいため、普段とは違う自分の身体の状態に早めに気付き、どのようにしたらよいのかを自分で考えて実践していけるように、働きかけることが必要です。	68
上肢の動き	身体の部位のうち、腕・手の部分を「上肢」といいます。座る姿勢や体幹が安定することにより、上肢が滑らかに動かしやすくなり、活動に参加しやすくなる場合があります。	24
触覚・視覚障害児の言語化	視覚障害児の学習では、体験等を通してイメージを獲得し、そのイメージを言語化することを大切にしています。このイメージの獲得と言語化には、触って理解できる触察教材を用いることも有効です。一例として、歩行指導の面では、触地図などを活用し、環境の全体構造から部分の位置関係に至るまで、指先を通して確認し、空間の理解につなげていきます。このように丁寧に「触察」し、触察を通して得たイメージを言語化していくことで、見て確認できないものについても、学習や知識の定着を図ることができます。	106
人工内耳	音や声を聞くための機器です。補聴器と似ている部分もありますが、補聴器とは仕組みが違い、装用には病院での手術が必要で、音声を電気信号に変換し、聴神経に直接送ることで聞こえを効果的に補うものです。近年、乳幼児段階からの利用が広がっています。	38
身体の緊張が強い	脳性まひ等、脳の損傷により肢体（体幹、上肢、下肢）に不自由のある子どもの場合、身体の各部位に過度の筋緊張が入っている場合があります。過度の筋緊張が入っていると、日常的な生活（睡眠、呼吸、食事等）や学習活動に難しさがみられることがあります。身体の力を抜いたりゆるめたりして、身体の状態を改善することにより、日常生活を安定して送ることができて、学習活動に参加しやすくなります。	55
全盲	視力がまったくない状態を指しています。先天の場合と、中途で失明した場合があります。視覚障害教育では、触覚や聴覚などの視覚以外の感覚を活用し、主に点字などを用いて学習します。	106
体幹保持	「体幹」は、体の幹にあたる部分で、身体の中軸となる胴体のことを指します。「体幹」に対して、腕・手の部分を「上肢」、足の部分を「下肢」といいます。机上での学習や活動を行う際に、本人の疲れを軽減して、身体の中軸となる部分をバランスよく保つことが大切です。	20
体幹保持や上肢操作に課題	障害がある子どもの中には、身体の中軸の部分をバランスよく保つことが難しかったり、上肢（手や腕の部分）を思った通りの速さや強さ、精度で動かせなかったりする場合があります。これらの課題に対して、自立活動の授業では教育的な立場から、体幹を適切に保持する学習や上肢の動きを滑らかに行う学習をします。	20

力の調整	手や指を使う際には、対象となる人や物に合わせて力を調整する必要があります。これが難しいと、友達と握手をするときに力いっぱい握ってしまったり、おもちゃを意図せずに壊してしまったりすることがあります。人や物に合わせて自分で力を調整できるようになることが大切です。	34
手指の感覚	手を使って物に触れたり操作したりすることは、子どもの成長にとってとても重要であるといわれています。 　ところが、障害のある子どもの中には、刺激を感じにくかったり、特定の刺激を嫌がったりすることがあります。そのような子どもに対しては、自分の手や指そのものへ意識を向けたり、手指でしっかりと刺激を受け止めたりすることができるように、手指の感覚を育てる学習をすることが大切です。	35
ピクトグラム	言語に制約されずに、情報を伝達することを目的に使用される図記号。国際標準化機構 ISO や日本産業規格 JIS では、ピクトグラムが規格化されています。日本では 1964 年の東京オリンピックの際に東京国際空港（羽田空港）におけるサインとして用いられ広く知られるようになりました。	104
変形の予防	肢体（体幹、上肢、下肢）に不自由のある子どもの場合、小学校高学年から中学生段階の成長期にかけて、座位や立位等の姿勢がとりにくくなったり、身体の変形や拘縮が進んだりする場合があります。身体の変形や関節部位の拘縮が生じると、学習や生活場面に制約が出ることが多くなります。 　変形・拘縮を予防していくために、例えば日常生活の中で座位や立位等の姿勢をとったり、身体を動かす要素をたくさん取り入れたりする等、毎日の生活の中で動きや姿勢への配慮を行うことが大切です。	20
補装具	補装具は、何らかの原因により上肢・下肢、体幹をうまくコントロールできない場合に機能の補助として用いるもので、靴型の装具や体幹につける装具、股関節につける装具等があります。補装具には、病気やけがの治療を目的とするもの、変形や拘縮の進行予防を目的とするもの、後遺症等により失われた機能を代償することを目的とするものがあります。	21
見通し	私たちも見知らぬ場所に行く時や初めてのことを経験する時には、不安や緊張をすると思います。自閉症の子どもたちをはじめ多くの発達障害児たちは、こういった不安や緊張にとても弱い傾向にあります。そのために事前に下調べをしたり、予行練習をしたりして、これからどこに行くのか、どのようなことをするのかといったことを知ることにより、少しでも不安や緊張を少なくすることを「見通しを持たせる」と言っています。	36
motion line	動きや音のように、実際に目には見えませんがそれを感じさせる記号的な線。マンガの技法でも、同様の表現・効果が見られます。	104
誘目性	人の目を引きつける度合い。注意を向けていない対象の発見のされやすさのことです。	104

＜引用・参考文献＞

全国特別支援学校肢体不自由教育校長会（2011）『障害の重い子どもの指導Ｑ＆Ａ―自立活動を主とする教育課程―』
　　ジアース教育新社，pp.120-121，139-140.

全国盲学校長会編著、青木隆一・神尾裕治監修（2018）『新訂版 視覚障害教育入門Ｑ＆Ａ』ジアース教育新社，pp.74-75.

日本肢体不自由教育研究会（2017）『肢体不自由教育』230 号，日本肢体不自由児協会，pp.42-47.

青柳まゆみ・鳥山由子編著（2015）『視覚障害教育入門―改訂版』ジアース教育新社，p.22.

筑波大学特別支援教育連携推進グループ編著（2020）『筑波大学 特別支援教育 教材・指導法データベース選集１　授
　　業を豊かにする筑波大附属特別支援学校の教材知恵袋～教科編～』ジアース教育新社，pp.62-63.

藤田和弘，（2004）「アセスメント再考」『LD,ADHD&ASD』明治図書，pp.6-7.

國分康孝編集（1990）『カウンセリング辞典』誠信書房，p.6.

國分康孝監修（2001）『現代カウンセリング事典』金子書房，p.98.

＜参考サイト＞

文部科学省「特別支援教育について」交流及び共同学習ガイド　第１章　よりよい交流及び共同学習を進めるために
　　https://www.mext.go.jp/a_menu/shotou/tokubetu/010/001/001.htm

（筑波大学特別支援教育連携推進グループ）

おわりに

　本書の基となった、筑波大学附属特別支援学校5校の協働による「教材・指導法データベース」は、2012年に取組を開始して以来、2020年11月までに430を超える教材（英語版は210教材）のデータを収集し、筑波大学特別支援教育連携推進グループが運用するホームページに掲載してまいりました。

　筑波大学附属特別支援学校で長年培われてきた多種多様な教材や指導法を、全国の特別支援教育に携わる先生方をはじめ多くの方々に知っていただきたい、学校現場ほか、あらゆる子どもたちの指導の場で活用していただきたいという思いのもと、データベースを書籍化しようと長い年月をかけて検討を重ねてきました。その思いが結実し、2020年3月、『授業を豊かにする筑波大附属特別支援学校の教材知恵袋　教科編』を発刊することができました。書籍をご購入くださった方々からはご好評をいただいております。

　本書は、全3巻シリーズの予定です。第1巻の教科編に続いて、第2巻の本書では学習指導要領の改訂に伴い、さらなる自立活動の指導の充実と発展に向けて、筑波大学附属特別支援学校5校がこれまで蓄積した専門性を広く発信したいと願い、自立活動編を企画しました。そして、これをジアース教育新社の加藤勝博社長にご相談したところ、「今こそ、自立活動編を出すべきです。一緒に頑張りましょう。」と力強く背中を押していただきました。

　出版に向けての決意を新たにした頃、世界中がCOVID-19の猛威にさらされ、私たちを取り巻く環境は大きく変化しました。しかし緊急事態宣言が発令された中でも、「明日の授業で、すぐにでも使ってみたくなる教材」、「障害種を超えて、多くの子どもたちに活用できる教材」、「各校の専門的な取組」を発信し、子どもたちの学びに寄与したいという私たちの熱意は少しも揺らぐことがありませんでした。

　私たち5人は、それぞれ離れた場にいても、「良い本を世に送り出したい。」という思いを一つに、オンラインを活用し幾度も話し合いを重ねながら、意見や知恵を出し合って協働し、発刊に向けてこの1年間歩んでまいりました。

　第2巻の発刊にあたり、原稿を執筆いただいた全ての先生方には、教育現場が例年になく大変な中でご尽力いただきました。本当にありがとうございます。また、筑波大学附属学校教育局の先生方、筑波大学人間系の四日市章名誉教授、左藤敦子准教授をはじめとする人間系障害科学域の先生方には、多大なるご協力をいただきましたこと、改めて感謝申し上げます。

　そして、自立活動編の発刊に向けて常に私たちを温かく見守り、お力添えをいただいたジアース教育新社の加藤勝博社長をはじめ、編集部の市川千秋様、西村聡子様には、私たちの書籍への思いをご理解くださった上で沢山のアイディアをいただき、お陰様で今日の刊行に至ることができました。厚く御礼を申し上げます。

　最後に本書をご購入いただいた読者の皆様には、ぜひここに掲載されている教材をご参照いただき、子どもたちの指導にご活用いただけると幸いです。引き続き私たちは、特別支援教育のさらなる発展に貢献していく強い使命感と共に、邁進してまいります。

2021（令和3）年3月吉日

　　　　　　　　　　筑波大学特別支援教育連携推進グループ
　　　　　　　　　　佐藤　北斗・山縣　浅日・厚谷　秀宏・竹田　恵・髙尾　政代

執筆者・協力者一覧（五十音順）

附属視覚特別支援学校　　〒112-0015　東京都文京区目白台 3-27-6

氣仙　有実子

山口　崇

附属聴覚特別支援学校　　〒272-8560　千葉県市川市国府台 2-2-1

太田　康子

鎌田　ルリ子

眞田　進夫

橋本　時浩

横山　知弘

附属大塚特別支援学校　　〒112-0003　東京都文京区春日 1-5-5

安部　博志　　（現・創価大学教育学部児童教育学科准教授）

飯島　啓太　　（現・千葉県立柏特別支援学校）

飯島　徹

石飛　了一

加賀谷　昇　　（学校歯科医）

片山　忠成

加部　清子

工藤　真生　　（現・九州大学大学院芸術工学研究院コンテンツ・クリエーティブデザイン部門助教）

根岸　由香

根本　文雄

藤本　美佳

若井　広太郎

附属桐が丘特別支援学校　　〒173-0037　東京都板橋区小茂根 2-1-12

池田　彩乃　　（現・山形大学学術研究院地域教育文化学部講師）

加藤　隆芳　　（現・国際学院埼玉短期大学幼児保育学科講師　筑波大学人間系客員研究員）

加藤　裕美子

小山　信博

佐々木　高一

杉林　寛仁

高橋　佳菜子

武部　綾子　　（現・東京都立水元小合学園）

附属久里浜特別支援学校　　〒239-0841　神奈川県横須賀市野比 5-1-2

大庭　美和子　（現・鹿児島大学教育学部附属特別支援学校）

小曾根　和子　（現・群馬県立高崎高等特別支援学校）

佐藤　誠　　　（現・鹿児島大学教育学部附属特別支援学校）

須山　真理子　（現・島根県立出雲養護学校）

大門　有紀　　（現・千葉県立つくし特別支援学校）

瀧口　智子

塚田　直也

中山　浩太郎　（現・愛知県立名古屋盲学校）

古屋　郁子　　（現・横浜市立本郷特別支援学校）

間山　響子

丸山　菜子

向井　直美　　（現・横浜市立本郷特別支援学校）

村上　絵里佳　（現・附属桐が丘特別支援学校）

筑波大学特別支援教育連携推進グループ

〒112-0012　東京都文京区大塚 3-29-1　筑波大学東京キャンパス

厚谷　秀宏　　（附属大塚特別支援学校）

佐藤　北斗　　（附属視覚特別支援学校）　　データベース事業主幹

髙尾　政代　　（附属久里浜特別支援学校）

竹田　恵　　　（附属桐が丘特別支援学校）　　編集主幹

山縣　浅日　　（附属聴覚特別支援学校）

人間系障害科学域　　〒305-8577　茨城県つくば市天王台 1-1-1

岡崎　慎治　　（准教授）

小林　秀之　　（准教授）

左藤　敦子　　（准教授）

四日市　章　　（筑波大学名誉教授）

米田　宏樹　　（准教授）

附属学校教育局　　〒112-0012　東京都文京区大塚 3-29-1　筑波大学東京キャンパス

茂呂　雄二　　（筑波大学教授・副学長　附属学校教育局教育長）

雷坂　浩之　　（筑波大学教授　附属学校教育局教育長補佐）

「自立活動Q＆A」挿絵

田丸　和　　　（倉敷芸術科学大学芸術学部メディア映像学科　学生）

（所属・役職は 2021 年 3 月現在）

筑波大学特別支援教育連携推進グループ

〒 112-0012　東京都文京区大塚 3-29-1
筑波大学東京キャンパス文京校舎 479
TEL 03-3942-6923　FAX 03-3942-6938
URL：https://www.gakko.otsuka.tsukuba.ac.jp/snerc/
E-mail：snerc@gakko.otsuka.tsukuba.ac.jp

※QR コードを読み込んだときに、教材・指導法データベースのトップページが表示
　された場合は、ページの下にある「上記に同意して利用する」ボタンをクリック
　してください。詳細ページをご覧いただけるようになります。

表紙／本文デザイン　　小林 峰子（アトリエ・ポケット）
イラスト　　　　　　　岡村 治栄

筑波大学 特別支援教育 教材・指導法データベース選集 2

授業を豊かにする
筑波大附属特別支援学校の教材知恵袋
自立活動編

2021 年 3 月 28 日　初版第 1 刷発行
2023 年 2 月 7 日　　　第 2 刷発行

編　著　筑波大学特別支援教育連携推進グループ
発行者　加藤 勝博
発行所　株式会社 ジアース教育新社
　　　　〒 101-0054　東京都千代田区神田錦町 1 - 23 宗保第 2 ビル
　　　　TEL 03 - 5282 - 7183　FAX 03 - 5282 - 7892
　　　　Mail info@kyoikushinsha.co.jp
　　　　URL https://www.kyoikushinsha.co.jp/

印刷・製本　シナノ印刷 株式会社
ISBN978-4-86371-576-9
Printed in Japan
定価は表紙に表示してあります。
乱丁・落丁本は送料小社負担でお取り替えいたします。
本書の無断複写（コピー）は著作権法上での例外を除き禁じられています。